El Eneagrama y el libro de pruebas

La guía completa para la autorrealización y el autodescubrimiento utilizando la sabiduría del eneagrama, incluida la prueba de 9 tipos (los mejores libros y audiolibros del eneagrama)

I0135197

Por Carly Greene

"El Eneagrama y el libro de pruebas: La guía completa para la autorrealización y el autodescubrimiento utilizando la sabiduría del eneagrama, incluida la prueba de 9 tipos (los mejores libros y audiolibros del eneagrama)" Escrito por "Carly Greene".

El Eneagrama y el libro de prueba es un paquete de libros "El Eneagrama" & "El Libro de Prueba del Eneagrama".

Espero que disfrutes este libro!

El Eneagrama

Aprende Sobre los 9 Tipos de Personalidad para Tener Relaciones Saludables. Una Guía Completa para la Autorrealización y el Autodescubrimiento Utilizando la Sabiduría del Eneagrama: los Mejores Audiolibros y Libros del Eneagrama;
Libro 1

Por Carly Greene

Tabla de Contenidos

Introducción

    Conócete a ti mismo

Capítulo 1: Los tipos

    La estructura
    Tipo 1: El reformador
    Tipo 2: El ayudante
    Tipo 3: El triunfador
    Tipo 4: El individualista
    Tipo 5: El investigador
    Tipo 6: El leal
    Tipo 7: El entusiasta
    Tipo 8: El retador
    Tipo 9: El pacificador

Capítulo 2: Emociones que encontramos desafiantes y cómo las manejamos

    Centro 1: El centro de acción / intestino
    Centro 2: Centro de sentimientos / corazón
    Centro 3: El centro de pensamiento / cabeza
    Algunas reflexiones sobre estas estrategias

Capítulo 3: Niveles de desarrollo

    Los niveles saludables
    Los niveles promedio
    Los niveles insalubres
    Tipo 1: El reformador
    Tipo 2: El ayudante
    Tipo 3: El triunfador
    Tipo 4: El individualista
    Tipo 5: el investigador
    Tipo 6: El leal

Tipo 7: El entusiasta
Tipo 8: El retador
Tipo 9: El pacificador

Capítulo 4: Autorrealización

Tipo 1: El reformador
Tipo 2: El ayudante
Tipo 3: El triunfador
Tipo 4: El individualista
Tipo 5: El investigador
Tipo 6: El leal
Tipo 7: El entusiasta
Tipo 8: El retador
Tipo 9: El pacificador

Conclusión

Introducción

Desde el principio de los tiempos, las personas siempre han sentido que necesitan entenderse mejor a sí mismas. Como seres humanos, a menudo hemos lanzado nuestra curiosidad sobre el mundo que nos rodea, preguntándonos cómo se comporta y de qué está hecho. Pero nada nos ha resultado tan interesante como lo que nos hace humanos. Comprender las experiencias del ser humano y las cosas que nos hacen comportarnos como lo hacemos es una búsqueda honorable. En nuestro viaje, siempre nos hemos preguntado qué hace a las personas diferentes, qué nos hace únicos y cómo encajamos en el mundo. El Eneagrama es un sistema de tipificación de la personalidad que forma parte de esa historia. En él, encontramos nueve tipos de personalidad que están interconectados. Es un sistema complejo y matizado que muestra quiénes somos, qué nos motiva, nuestros miedos más profundos, nuestras fortalezas y debilidades, y lo que hacemos en nuestro peor y mejor momento. Es exhaustivo. Hoy en día, millones toman la prueba para saber más sobre sí mismos, cómo se relacionan con los demás y el mundo.

Conócete a ti mismo

Se puede ganar mucho si nos comprendemos a nosotros mismos. Cuando nos entendemos a nosotros mismos, sabemos cómo predecir con precisión nuestro comportamiento. Predecir nuestro comportamiento nos permite hacer mejores planes para posicionarnos mejor para obtener lo que queremos y poner en marcha medidas para evitar que actuemos de manera indeseable. Comprendernos a nosotros mismos nos da una idea de nuestro comportamiento. La intuición puede curarnos; puede hacernos más amables con nosotros mismos y revelar nuestros deseos más verdaderos, liberándonos de hábitos destructivos que hacen perder el tiempo. Sabremos cómo es el verdadero éxito para nosotros, cómo se ve una vida feliz y plena con esta idea. Esto puede ahorrarnos mucho dolor y llevarnos a la autoaceptación. Con una comprensión de nosotros mismos, podemos descubrir cómo encajamos en la sociedad, cuál es nuestro papel en el mundo y cómo maximizar nuestro potencial en esa área. Son cosas importantes. Son las cosas que determinan qué tan felices y exitosos seremos en nuestras vidas. Es importante conocernos a nosotros mismos por estas razones. El sistema del Eneagrama nos da esa oportunidad.   En este libro, exploraré cuáles son esos tipos de personalidad. También dedicaré algún tiempo a desarrollar varios temas relacionados con el sistema del Eneagrama. Luego, le daremos a cada tipo una hoja de ruta hacia la felicidad, la autorrealización y la plenitud. Va a ser un viaje breve, pero valioso.

Capítulo 1: Los tipos

En este capítulo, repasaremos las descripciones de los nueve tipos básicos de personalidad que se encuentran en el Eneagrama. Primero, repasaré algunas cosas que vale la pena comprender sobre el sistema del Eneagrama y su estructura.

La estructura

Los tipos de personalidad que se encuentran en el sistema del Eneagrama están interconectados y se relacionan entre sí de manera compleja. Para ilustrar estas conexiones y relaciones, los proponentes del sistema han ideado una estructura. Esta estructura es un ciclo con el número 9 en la parte superior, justo donde el 12 estaría en un reloj, y espaciados uniformemente alrededor del ciclo están los números restantes colocados en sentido horario. Cada número representa un tipo de personalidad. Dentro del círculo, hay líneas que conectan los números en patrones muy específicos. Estas líneas indican lo que se llama direcciones de integración y desintegración. Cada tipo tendrá dos líneas que emanan de ellos que se conectan con otros dos tipos. Una línea será la dirección de integración para ese tipo y la otra representará la dirección de desintegración. Estas líneas nos dicen cómo es probable que se vea ese tipo cuando esté bajo estrés (desintegración) y cuando las cosas vayan bien (integración). Por ejemplo, alguien a quien le vaya bien actuará como un siete saludable en el mismo nivel de desarrollo, y uno que no lo esté actuará como un cinco del mismo nivel de desarrollo. Hablaremos más sobre los niveles de desarrollo más adelante.

La posición que toma cada tipo de personalidad en el ciclo no es arbitraria. Los tipos de personalidad que flanquean un tipo de personalidad dado generalmente están presentes dentro de la personalidad en el medio. Estos tipos de personalidad se llaman alas. Cuando realizas una prueba de personalidad del Eneagrama, se te dará tu tipo de personalidad dominante como tu tipo. Esto significa que el número que te dan es el tipo de personalidad que mejor se adapta a ti. Luego se te darán puntuaciones sobre tus alas. Esto te informará sobre el tipo de personalidad secundaria que también te representa mejor, piensa en esto como otro lado de tu personalidad. También obtendrás puntuaciones sobre la medida en que puedes encontrarte en otros tipos de personalidad en el sistema. Las personas generalmente tienen un tipo de personalidad dominante y un ala. La culminación de estos tipos es la amalgama de tu personalidad. Entonces oirás a algunas personas decir: "Soy uno con un nueve como ala". Esto solo nos dice los dos tipos de personalidad más dominantes dentro de esa persona. Aun así, estrictamente hablando, puedes encontrar partes de ti mismo esparcidas por la estructura. Es por eso que uno puede actuar como un siete en ciertas situaciones, pero tu tipo dominante es quién eres la mayor parte del tiempo o en lo profundo.

Los números dados a los tipos no dicen nada sobre si son o no mejores que otros tipos. Un ocho no es mejor que un dos y viceversa. Incluso cuando hablamos de los rasgos que pertenecen a cualquiera de los tipos de personalidad, nadie es mejor que nadie. Sin embargo, puede parecer así en el mundo real. El entorno puede recompensar a ciertas personalidades más que a otras porque tienen habilidades que son muy valoradas. Aun así, lo contrario puede ser cierto en otro entorno. Todos los tipos del Eneagrama tienen miedos y deseos básicos. Su deseo es lo que más desean y su miedo es lo que les aterroriza. Pasemos a nuestros tipos de personalidad.

Tipo 1: El reformador

También se les conoce como el reformador. Los de tipo tienen un gran sentido de lo que está bien y lo que está mal, y están impulsados por un sentido de propósito para mejorar las cosas y el mundo. Quieren más que nada ser buenos. Sacrificarían fácilmente la comodidad y otras cosas para poder ser un instrumento de cambio. Este tipo es bien conocido por ser organizado, disciplinado y con principios. Los que temen ser corrompidos y malvados. Como tienen estándares tan altos y trabajan duro para mantenerlos, a veces pueden ser críticos y expresar resentimiento cuando otros se las arreglan con poco esfuerzo. Como han trabajado tan duro y todo lo que hacen está justificado en sus mentes, pueden impacientarse con otros que no muestran la misma sensibilidad o frugalidad. Cuando uno está en su mejor momento, se convierte en un sabio gurú. Son perspicaces e inspiran gran admiración en los demás a través de su heroísmo moral.

Tipo 2: El ayudante

Los dos son los más cariñosos y muestran una gran empatía y autosacrificio. Les gusta ver felices a los demás, siempre tienen buenas intenciones y son generosos. Debido a lo mucho que dan y los sacrificios que hacen, pueden tener problemas con la envidia y el descuido de sí mismos. Temen ser indeseados y no amados. Su mayor deseo es ser amado por los demás; quieren ser necesitados, valorados y atesorados. Verá a los dos deleitándose con la cercanía familiar, sirviendo a los demás y prestándoles atención. Son los más compasivos, serviciales y amorosos, y lo disfrutan. Su generosidad es una bendición para aquellos que tienen la suerte de tenerlos en sus vidas.

Tipo 3: El triunfador

Los tres son impulsados y están enfocados en tener éxito. Están llenos de ambiciones y juntan medidas pragmáticas para conseguir lo que quieren. Quieren avanzar en la vida, por eso trabajan duro. En el mejor de los casos, son modelos a seguir. Luchan por trabajar demasiado duro y ser demasiado competitivos, incluso en lugares donde puede que no sea necesario. Corren el riesgo de no ser auténticos porque perseguirán cualquier cosa que les dé la imagen de sí mismos que creen que es más valiosa. Dado que son sensibles al éxito y las jerarquías sociales, los tres pueden ser cohibidos si no son tan exitosos como creen que deberían ser. Su mayor temor es ser menos valioso y ser de bajo nivel. Su mayor deseo en la vida es ser valioso e importante e integral a las cosas. Quieren que otros afirmen estos fuertes deseos, por lo que los encontrará deleitándose en atención y admiración.

Tipo 4: El individualista

Los del tipo cuatro son del tipo honesto y sensible. Tienen mucha conciencia de sí mismos, están retraídos y son contemplativos. Puede describirlos como emocionalmente desnudos, personales y expresivos. No pretenderán sentir o pensar lo que no sienten. Debido a que están tan en contacto con sus emociones, son propensos a la depresión, a revolcarse en sentimientos desagradables y a auto medicarse. Pueden alejarse de los demás porque sienten que algo anda mal en ellos. Pueden ser muy creativos e imaginativos. Lo más importante que desean es ser ellos mismos, ser genuinos con quienes son; por eso se invierten en encontrarse a sí mismos. Su mayor temor es la falta de identidad o la incapacidad de dejar una huella en el mundo a través de su disposición.

Tipo 5: El investigador

Los tipos cinco están impulsados por la sed de comprender las cosas en su nivel más fundamental. Son cerebrales, curiosos y aman las cosas complejas y estimulantes. Pueden concentrarse durante largos períodos. Se separaron fácilmente de los demás y pueden retirarse a sus mentes con mucha más facilidad a medida que encuentran su mundo interior mucho más interesante. Cuando los cinco están en su mejor momento, pueden abrir nuevos caminos, hacer que las personas vean las cosas de manera muy diferente. Su mayor temor es ser incompetente, ignorante o inútil. Su mayor deseo es lograr el dominio de cualquier cosa en la que inviertan su tiempo y energía.

Tipo 6: El leal

Como sugiere el nombre, los leales son los más leales de los tipos. Son muy confiables y responsables, trabajan duro y siempre están ahí para asegurarse de que todo funcione sin problemas. Tienen una idea para asegurarse de esto porque los seises están impulsados por la seguridad; su mayor deseo es tener seguridad y protección. Debido a que esto es lo que más quieren, pueden sentirse llenos de sospecha y ansiedad si no están seguros de tener seguridad. Su ansiedad revela que su mayor temor es estar sin seguridad. Entonces, en todo lo que hacen, intentan asegurarlo o mantenerlo. En el mejor de los casos, son los ciudadanos más estables y otros acuden a ellos para encontrar su fuerza, son seguros, cálidos y autosuficientes.

Tipo 7: El entusiasta

Los Siete son enérgicos, llenos de vida y amantes de las personas. Entran en el mundo con un optimismo vivo, una energía y un entusiasmo que les hacen afrontar con facilidad nuevos retos. Son alegres, adaptables y divertidos. Pueden luchar para ser impulsivos y poder mantener sus esfuerzos durante largos períodos. Como resultado, se encuentran incursionando aquí y allá, agotando sus recursos. Esto sucede porque a los sietes les gustan las cosas novedosas y emocionantes. Mantiene sus espíritus en alto; de lo contrario, perderían el interés y se agotarían. Su mayor temor es el dolor y la incomodidad, y su mayor deseo es sentirse cómodo y contento. En el mejor de los casos, los sietes saben cómo concentrar su energía, son contagiosamente felices y audaces.

Tipo 8: El retador

Los ocho son dominantes y asertivos. Van al mundo, decididos a hacerse cargo. Pueden ser territoriales, mandones y confrontativos. Son conocidos por cuidar de sí mismos primero y siempre tratar de tomar la iniciativa. En el peor de los casos, tienen mal genio y se niegan a abrirse a los demás. Creen que la vulnerabilidad es una muestra de debilidad y la debilidad invita a otros a tomar el control. Su mayor temor es estar bajo el dominio y control de los demás, por lo que son muy sensibles a que otros intenten asumir un papel como ese. En el fondo, los ocho quieren estar protegidos, por lo que intentan lograrlo controlando a sí mismos y al entorno que los rodea; quieren confiar completamente en sí mismos y mostrar su fuerza. En el mejor de los casos, los ocho están en la cima, lideran bien, están libres de inseguridades y muestran una asombrosa disciplina y autodominio.

Tipo 9: El pacificador

Los nueves son los más agradables y pacíficos de todos los tipos. Miran hacia afuera, al mundo, y quieren crear y mantener tanta armonía y paz como sea posible. Debido a que están tratando de preservar la paz a toda costa, pueden aceptar las cosas con bastante facilidad, volviéndose solidarios y complacientes. Porque confían y se sienten cómodos en la paz que se crea. Pueden ser lentos para actuar y rechazar cualquier impulso hacia el cambio porque lo consideran innecesario. En sus mentes, no hay necesidad de agitar las cosas, incluso si es por diversión; todo está bien cuando todo está en paz. Debido a que tienen una mente abierta, los nueves en su mejor momento muestran una actitud sin prejuicios y se convierten en excelentes solucionadores de conflictos. Su mayor temor es desconectarse de los demás; mantener la paz es su forma de prevenir esto. Desean estabilidad interior y conexión más que cualquier otro tipo. Por eso muestran una aguda sensibilidad espiritual.

Capítulo 2: Emociones que encontramos desafiantes y cómo las manejamos

Si piensas en el mundo como un juego que tiene desafíos y puede ser vencido, los tipos de personalidad son solo estrategias diferentes para jugar ese juego. Ninguna estrategia es intrínsecamente mejor que la otra, ya que todas estas estrategias han demostrado ser exitosas. Por eso todavía los tenemos en la sociedad porque la naturaleza los ha seleccionado. Estas estrategias son una respuesta a tres desafíos básicos. Si bien la mayoría de nosotros en la vida enfrentaremos los mismos desafíos, algunos de nosotros seremos más afectados por algunos desafíos que otros. Lucharemos contra ellos. Nuestras personalidades son la fuente de nuestra vulnerabilidad a algunos desafíos, tanto como nos dan una ventaja en otras áreas. Los investigadores se dieron cuenta de que las personalidades del sistema del Eneagrama se pueden dividir en tres temas o centros; estos nos dicen cuál de los principales desafíos aflige a las personalidades de esa sección. Las distintas personalidades afrontan ese desafío principal de distintas formas. Esto no significa que las personalidades de una sección no enfrenten los desafíos que enfrentan las otras dos secciones; solo significa para ellos, no es un gran impulsor. Aquí veremos tres secciones diferentes, y veremos cómo esto se muestra dentro de las personalidades.

Centro 1: El centro de acción / intestino

Esta sección comprende los tipos de personalidad uno, nueve y ocho. Los principales desafíos que enfrentan los que están en este centro son la ira y el control. Significa que estas dos emociones son las más dominantes, desafiantes o influyentes en comparación con los otros tipos. Los tipos tratan esto de manera diferente.

Los nueve son los pacificadores, por lo que cuando experimentan enojo o una pérdida de control, responden negándolo o tratando de ser indiferente. No dirán que los ha hecho enojar porque hacerlo podría agravar las cosas. Creen que esta es una forma viable de crear estabilidad.

Los Ochos responden a la ira mostrándola. Creen que hacerlo los pondrá en una posición de mando y creen que pueden controlar la ira. Hemos visto que esto puede resultar problemático, y es por eso que este tipo es conocido por tener en ocasiones problemas de temperamento.

Los uno reprimen su ira. Esto se debe a que en su búsqueda de la perfección y con su enorme sentido de la moralidad, estar enojado y perder el control parece algo que está en contra de la pureza y la perfección. Entonces lo reprimen, se tragan la ira y las emociones intensas. Pueden albergar un gran resentimiento y volverse críticos con los que muestran el suyo, sin darse cuenta de que su respuesta a la ira es en gran medida innata.

Como puedes ver en la forma en que estos tipos han lidiado con el dolor, hay tres formas básicas de reaccionar ante el desafío definitorio de cada centro. El primero es positivo. Se mueve en la dirección de las emociones o "abraza" esa emoción, cómo los ocho manejan la ira es un ejemplo de esto porque dejan entrar la ira. La segunda respuesta es de equilibrio o indiferencia, y los nueves son los ejemplos perfectos de esto porque lidian con la ira fingiendo que no existe. La tercera respuesta es negativa; las personalidades que usan esta estrategia rechazan la emoción: se niegan a dejarla entrar o dejar que se apodere. Como hemos visto, unos son ejemplos perfectos de esa estrategia. Reprimen su ira negándose a dejar que los influya.

Centro 2: Centro de sentimientos / corazón

Las personalidades en el centro del sentimiento son dos, tres y cuatro. La emoción dominante en este centro es la vergüenza.

Los dos enfrentan su vergüenza en una dirección que "abraza" esa emoción. La vergüenza es una emoción que nos dice que debemos sentirnos mal con nosotros mismos como resultado de algo que hemos hecho o algo que ha hecho alguien que está conectado con nosotros. Así que lo resuelven tratando de agradar a otras personas o de verlos de una mejor manera. Esto es actuar de acuerdo con cómo esta emoción nos exige que nos arrepintamos de alguna manera, y las acciones tomadas de dos en dos en esta situación están destinadas a hacer que las cosas vuelvan a estar bien. El método de respuesta de los tres es de indiferencia.

Los tres no intentan inventar o arreglar las cosas, simplemente se enfocan en su proyecto de ser aún mejores como personas, siguen adelante. Recuerda que este tipo está obsesionado con tener éxito, por lo que podrían evitar esos sentimientos por completo si no ven cómo sirven para su objetivo final.

Los cuatro usan el método negativo para lidiar con su vergüenza. Retroceden enfocándose en sí mismos, particularmente en las cosas que los hacen especiales. Esto sirve para validar sus sentimientos de ser incomprendidos y no encajar del todo con el mundo, por lo que algo que debería hacerlos sentir avergonzado se interpreta como algo incomprendido por la sociedad. Esto se convierte rápidamente en una autoevaluación, lo que puede llevar a sentimientos de insuficiencia, pero lo desviarán al encontrar refugio en su lado creativo y único.

Centro 3: El centro de pensamiento / cabeza

La emoción dominante en este centro es el miedo. Las personalidades que se encuentran en esta sección son cinco, seis y siete.

Los cinco lidian con el miedo usando el método negativo. El miedo exige que salgamos y hagamos algo al respecto; esto podría significar luchar o correr. Los Cinco corren, se retiran a su caparazón y quedan aislados. Pueden volverse más reservados y no estar dispuestos a participar en el mundo. Recuerda que los cinco quieren ser competitivos, así que cuando tienen miedo, se sienten incompetentes. Entonces, su forma de lidiar con eso es retroceder hasta que sienten que son competitivos nuevamente.

Los seis lidian con sus miedos a través del método del equilibrio o la indiferencia. Esto significa que no son tan conscientes y sintonizados como otros tipos son a la naturaleza de su situación. Entonces se ponen ansiosos. Entonces, incluso cuando encuentran un camino hacia la seguridad, que es lo que más quieren, todavía sienten que no es suficiente o que algo puede salir mal. En lugar de correr o pelear, recurren a cosas que pueden calmarlos o traerles una sensación de paz. Tratan los síntomas, no la fuente.

Los siete tratan positivamente el miedo; en este contexto, significa que corren en la dirección opuesta a los cinco. Los Cinco corrieron hacia adentro cuando se enfrentaron al miedo. Los Siete corren hacia afuera porque su miedo generalmente reside adentro, esperándolos. Así que se distraen o se entierran en una larga lista de experiencias, cada una diseñada para mantenerlos alejados de los sentimientos de incomodidad.

Dado que tanto los Cinco como los Siete corren, la única persona que lucha aquí es el Seis. Intentan hacer algo con su miedo, pero son consumidos por él. Los Cinco saben lo que temen, así que se encierran y se entrenan hasta que se convencen de que pueden vencer su miedo. Los Siete saben lo que temen, y tratan de lidiar con eso viviendo como si no estuviera allí, esperando que disminuya y desaparezca.

Algunas reflexiones sobre estas estrategias

Estas estrategias no son malas en sí mismas, pero nos ayudan a dar mucho más sentido a lo que aprecian nuestras personalidades. Vimos que nuestras emociones dominantes son dominantes porque cuando son enfrentadas por los tipos, los tipos se vuelven sus "yoes" sobresalientes.

Capítulo 3: Niveles de desarrollo

Dentro de cada tipo de personalidad, existe una escalera de crecimiento desde la inmadurez hasta la madurez. Estos niveles nos muestran cómo se ven los tipos en su viaje hacia la autorrealización o cuando se alejan de este objetivo. Este es uno de los desarrollos más importantes del Eneagrama porque nos muestra cómo las personas pueden cambiar y seguir siendo del mismo tipo básico. Si entendemos los tipos correctamente, podemos ver rápidamente por qué se desarrollan y retroceden de la forma en que lo hacen. Cada tipo tendrá tendencias que están preparadas para arrastrarlo hacia abajo o hacia arriba en la escalera. En cada tipo de personalidad, nueve niveles se dividen en tres amplias categorías: saludable, promedio e insalubre. Los terapeutas pueden brindarte consejos fácilmente si tienen una idea clara de dónde te encuentra en la escalera, ya que todos requerirán el mismo tipo de intervención. El peldaño más bajo de la escalera sería el nivel nueve y el más alto sería el nivel uno. Estos son los niveles a continuación:

- Nivel 1: el nivel de liberación
- Nivel 2: el nivel de capacidad psicológica
- Nivel 3: El nivel de valor social
- Nivel 4: El nivel de desequilibrio / rol social
- Nivel 5: El nivel de control interpersonal
- Nivel 6: El nivel de sobrecompensación
- Nivel 7: El nivel de infracción
- Nivel 8: El nivel de obsesión y compulsión
- Nivel 9: El nivel de patología destructiva (Cómo funciona el sistema – The Enneagram Institute, 2014)

Vamos a examinar cómo se ven estos niveles en todos los tipos que hemos discutido. Mirar cómo se manifiestan nos hará comprender mejor los tipos y, lo más importante, ver dónde estamos en esa escalera. Una vez que hayamos identificado nuestro nivel de desarrollo, sabremos qué hacer para lograr la autorrealización. Los niveles saludables son los niveles uno, dos y tres. Los niveles promedio son los niveles cuatro, cinco y seis. Los niveles insalubres son los niveles siete, ocho y nueve.

Examinaremos brevemente lo que significan estas clasificaciones antes de examinar cómo se tratan. En la psicología del yo, el yo se divide en tres partes: el ello, el yo y el superyó. El ello es la parte más instintiva de nosotros mismos; está lleno de nuestros deseos más bajos. Es primitivo, irrazonable y representa nuestro yo subdesarrollado. Un ejemplo perfecto de la identificación son los bebés que no tienen en cuenta nada más que la satisfacción de sus necesidades a toda costa. El yo se desarrolla cuando el ello es desafiado por el entorno que lo rodea. El yo es la parte de la toma de decisiones, que intenta utilizar la razón, el compromiso y otras estrategias para satisfacer las necesidades del yo o del superyó. El superyó es la parte social y moralmente consciente de nosotros mismos. Tiene que ver con hacer lo correcto y llevarse bien con los demás en el mundo. El ello y el superyó trabajan para influir en el proceso de toma de decisiones del yo.

Pensar en la psicología del yo es importante porque, como veremos, los niveles se parecen más o menos a esta configuración. Cuanto más se sube por los niveles, más conscientes y objetivos se vuelven; la palabra que se usa comúnmente para describir esto es "presente".

Los niveles saludables

Estos son los niveles en los que estamos más presentes. Aquí, las personas son más objetivas y están en sintonía con el medio ambiente. Esto significa que podemos alejarnos de nosotros mismos y vernos a nosotros mismos desde un punto de vista neutral y actuar de una manera que escape a las trampas de nuestros lados más oscuros. Esta parte puede considerarse como la que se parece mucho al superyó en la psicología del yo. Se caracteriza por una conciencia similar de uno mismo dentro de la sociedad.

Los niveles promedio

Los niveles promedio se caracterizan por una mezcla de características tanto saludables como insalubres. Aquí, la conciencia se está construyendo, pero la persona en esta etapa todavía lucha con los aspectos más oscuros y básicos de su personalidad. Esta parte se parece mucho al yo, porque el yo a menudo se encuentra en una posición de compromiso, haciendo malabarismos con las necesidades tanto del ello como del superyó. Pero a diferencia de la psicología del yo, estos niveles reflejan etapas genuinas de desarrollo en nuestro viaje, no un aspecto de la personalidad que siempre está con nosotros. Simplemente les estoy mostrando estas similitudes para que puedan comprender mejor lo que se entiende por términos como egocéntrico dentro de un contexto de Eneagrama (significa que la persona se parece más al ello; no al yo, por extraño que parezca).

Los niveles insalubres

Se puede pensar en el ello como nuestra parte más egocéntrica y subjetiva de nosotros mismos, menos consciente o despierto. El más bajo está en la escalera, el menos presente; se consumen con las partes más viles, agresivas, negativas y crudas de su personalidad.

En estos niveles, nos parecemos al ello porque somos más abrasivos, irracionales y compulsivos. Cuando escuchas a un comentarista decir que la persona se parece más a su ego, o que es egocéntrica, eso es lo que quiere decir. En los ciclos del Eneagrama, el término ego es casi sinónimo del yo más oscuro, por lo que nuestro yo no reformado, más básico, es el ego.

Tipo 1: El reformador

Niveles insalubres

Nivel 9: Aquí, vemos a algunos que son bastante crueles e intolerantes con aquellos a quienes perciben como malhechores. Esto no es extraño para un tipo que intenta reprimir la ira. Son propensos a la depresión y otros trastornos emocionales.

Nivel 8: Los vemos preocupados por las imperfecciones de los demás a pesar de que ellos mismos actúan de manera muy similar a los que juzgan. Esto se debe principalmente a la falta de conciencia de sí mismo.

Nivel 7: Todavía están establecidos en sus caminos y predican a otros sobre la moralidad. También se obsesionan con el camino "correcto" de la "verdad". Nadie puede cumplir con sus estándares, pero cuando se desvían, es por alguna razón mayor que lo justifica todo.

Niveles promedio

Nivel 6: Aquí, comenzamos a ver que la excepcionalidad se desvanece una vez que vuelven su actitud crítica no solo hacia los demás sino hacia sí mismos. No los hace menos duros críticamente ni rebaja sus estándares. Todavía muestran impaciencia a través de regaños y otros comportamientos de confrontación, y se apresuran a señalar cuando algo no se está haciendo "de la manera correcta".

Nivel 5: Aquí, comenzamos a ver que algunos se vuelven cautelosos y puritanos. Muestran esto volviéndose extremadamente organizados, ordenados y emocionalmente ausentes. Aplican la misma frugalidad a sus impulsos emocionales.

Nivel 4: Ahora, al mirar el mundo que los rodea, se sienten insatisfechos con su estado, y como son los que tienen los ideales más altos, sienten la necesidad de salir y dar forma a la palabra. Se convierten en activistas, volcándose en diversas causas e iniciativas para lograr lo que debería ser.

Niveles saludables

Nivel 3: Aquí, comenzamos a ver los mejores. Se centran en hacer justicia. Su sentido de responsabilidad social surge de formas menos agresivas, formas que son más fáciles de recibir para los demás.

Nivel 2: Los vemos con un sentido desarrollado del bien y el mal, reflejado en fuertes creencias ontológicas y morales. Comienzan a mostrar más racionalidad y comienzan a instalar el equilibrio en sus vidas.

Nivel 1: ahora, vemos el tipo en su mejor momento. Son muy conscientes. Son más capaces de apreciar cómo son las cosas y resolver las cosas con matices y sabiduría que antes estaban ausentes. En este punto, comprenden mucho mejor las deficiencias de los demás y del mundo, lo que les da la gracia de lidiar con ellas. Se convierten en gurús, inspirando a otros hacia la verdad, la humanidad y la esperanza.

Tipo 2: El ayudante

Niveles insalubres

Nivel 9: Se sienten utilizados por otros, por lo que se enfurecen en ira y resentimiento. En lugar de ser confrontativos, esa ira se presenta como un problema de salud física.

Nivel 8: Sienten que la gente les debe por todo lo que han hecho, por lo que exigen que se les reembolse cualquier favor que les hayan dado. Esto puede volverse enérgico. Si bien este comportamiento puede parecer algo que haría un ocho, la asertividad de los dos proviene de sentirse obligados, no porque quieran afirmar el control.

Nivel 7: hacen sentir culpables a los demás, recordándoles todo lo que han hecho por ellos. Pueden comportarse de formas muy engañosas y manipuladoras. Alrededor de este tiempo, hablan con los demás de una manera que los hace sentir menos importantes o sin importancia. Esto se debe al hecho de que los dos sienten que las personas en sus vidas los dan por sentado.

Niveles promedio

Nivel 6: Empiezan a sentir que son especiales, que aportan valor a la mesa. Se ven a sí mismos como mucho más útiles e importantes de lo que se están mostrando, de haber dado la forma en que dieron. Pueden parecer un poco pomposos y condescendientes.

Nivel 5: Comenzamos a verlos involucrarse más en los asuntos de aquellos en sus vidas. Esto se debe a que quieren ser necesarios y sienten que se puede confiar en ellos. Para hacer eso, se insertan en la vida de los demás, buscan más cercanía en sus relaciones y se vuelven posesivos. Se cansan en el proceso.

Nivel 4: Se deshacen de su lado más intrusivo y lo que queda es la necesidad de complacer a los demás. Esta es una nueva forma en que pueden sentirse necesarios y valiosos. Entonces se vuelven más amigables, coquetos, expresivos y se presentan como personas con las mejores intenciones.

Niveles saludables

Nivel 3: Empiezan a dejar de complacer a los demás para que puedan sentirse importantes, amados o necesitados. Aún aprecian el valor de ayudar a los demás. Así que continúan siendo generosos y dando, pero esta vez han dejado de tener derecho.

Nivel 2: Empiezan a desarrollar mucha más empatía y compasión. Aquí los vemos atendiendo las necesidades de los demás, siendo considerados y atentos. Esta autenticidad es el resultado de aprender que para ser verdaderamente amado hay que amar y no esperar nada. A partir de ahí, comienzan a ver a los demás con claridad a medida que dejan de pensar en lo que obtendrán de las cosas que hacen por los demás. Entonces se cultivan la empatía y la compasión.

Nivel 1: Ahora son verdaderamente altruistas, habiendo descubierto la magia del altruismo. Derraman a los demás con amor incondicional y se sienten bendecidos de estar en esa posición.

Tipo 3: El triunfador

Niveles insalubres

Nivel 9: Pueden expresar un comportamiento psicopático y son más propensos al trastorno narcisista de la personalidad. No quieren ver a otros que son más felices o más exitosos que ellos, por lo que sabotean a otros.

Nivel 8: Quieren tener éxito a cualquier precio, por lo que ocultan sus errores y es más probable que practiquen "fingir hasta que lo consigas" a expensas de los demás. Es en esta etapa en la que son más engañosos, indignos de confianza y celosos.

Nivel 7: En su búsqueda del éxito, desarrollan tácticas de explotación, habiendo aprendido que la traición solo es efectiva a corto plazo. Al mismo tiempo, el oportunismo y la explotación pueden mantenerse durante mucho más tiempo. Todavía están celosos del éxito de otras personas.

Niveles promedio

Nivel 6: Los Tres exhiben un comportamiento narcisista; se creen superiores a los demás. Están llenos de arrogancia. No dejan de promocionarse y de verse y sonar más increíbles de lo que son.

Nivel 5: Comienzan a preocuparse por su imagen y cómo los ven los demás. Dirigen su atención a las cosas que facilitarán su éxito. Se vuelven trabajadores y se aseguran de que todos sus pasos estén guiados por el pragmatismo. Durante este período de extrema ambición, pierden la capacidad de sentir sus emociones porque siempre están mirando hacia adelante.

Nivel 4: En su búsqueda del éxito, comenzamos a ver que los tres se obsesionan más con su desempeño y productividad. Ya se basan en ser pragmáticos en su enfoque de los problemas. Ahora, quieren asegurarse de que lo están haciendo lo suficientemente bien. Están cada vez más aterrorizados por el fracaso, habiendo sabido lo duro que trabajan y lo duro que han trabajado. Son propensos a la adicción al trabajo, a trabajar fuera del horario y a llevarse el trabajo a casa. Quieren salir adelante y ascender en la escala social.

Niveles saludables

Nivel 3: En esta etapa, sienten que aún no han alcanzado su máximo potencial, incluso cuando podrían tener más éxito que la mayoría de las personas en el campo que han elegido. Otros ya los miran con gran reverencia, pero todavía sienten que hay más que pueden hacer, pero ese sentimiento no proviene del miedo a fallar. Ahora está motivado por un interés en ellos mismos y hasta dónde pueden esforzarse.

Nivel 2: la arrogancia y la confianza que mostraban al principio ahora son reemplazadas por sentimientos de alta autoestima, gracia y carisma. Están tan seguros de sí mismos y de quiénes son. Ya no sienten la necesidad de ser vengativos. Incluso   pueden animar a los demás.

Nivel 1: Al sentir que han explorado todo lo que pueden sobre sí mismos y sus límites, sin mencionar que se sienten orgullosos de si mismos, se vuelven modestos, generosos, gentiles y auténticos. Ahora encuentran mucho amor y aceptación para sí mismos.

Tipo 4: El individualista

Niveles insalubres

Nivel 9: Aquí, vemos a los cuatro consumidos por sentimientos de desesperanza; también pueden exhibir un comportamiento autodestructivo. Son propensos a la depresión y al trastorno narcisista de la personalidad. Se automedicarán con drogas y alcohol. Puede que aquí se sientan solos o como si no pertenecieran a ninguna parte.

Nivel 8: Se vuelven extremadamente delirantes sobre sí mismos, su lugar en el mundo y cómo los ven los demás. Dirigen mucha ira y odio hacia ellos mismos. No sienten que nadie sufra su dolor, por lo que rechazan a cualquiera que esté tratando de ayudar, creyendo que de alguna manera son ajenos y deficientes.

Nivel 7: Están emocionalmente entumecidos. Desde fuera, se ven deprimidos, fatigados y les resulta difícil funcionar. Se apartan de los demás, pero lo que es diferente aquí es que no son consumidos por sentimientos de odio a sí mismos, aunque todavía pueden albergar una gran cantidad de ira hacia ellos mismos.

Niveles promedio

Nivel 6: Están convencidos de que son diferentes a los demás. Esto les dice que no pueden someterse a los mismos estándares que todos los demás. Así que vivir como todo el mundo empieza a sentirse como una tarea y una restricción. Para escapar, se entregan a sí mismos o se adentran en su rico mundo interior, alejándose cada vez más de los demás.

Nivel 5: Todavía son emocionalmente sensibles y crudos, pero ahora se están volviendo mucho más cohibidos. Sin embargo, les resulta difícil sumergirse por completo en lo que sucede a su alrededor. Son extremadamente sensibles y están influenciados por todo lo que se dice a su alrededor. Beben el mundo en lugar de convertirse en un participante importante en él. Esto los vuelve de mal humor y cada vez más inseguros de sí mismos.

Nivel 4: Recurren al arte para la salvación, ya sea creando o consumiendo. Hacen que su experiencia sea mucho más profunda, incorporan más significado e importancia que cualquier otra persona. No tiene que ser arte, solo tiene que ser algo que les permita examinar e interactuar con sus sentimientos durante largos períodos. Esto puede mostrarse como otras pasiones como los juegos.

Niveles saludables

Nivel 3: Ahora ellos mismos son verdaderos; descartan todos sus sentimientos negativos sobre sí mismos. Empiezan a abrazarse a sí mismos como son. Este tipo de madurez proviene de una gran cantidad de fuerza emocional. Ha sido elaborado a través de años de permitirse sentir.

Nivel 2: Se vuelven más conscientes de sí mismos y mucho más conscientes de sus sentimientos, ahora pueden saber claramente dónde comienza uno, dónde termina el otro y por qué. Tienen un mejor control sobre ellos, a diferencia de al principio, cuando a veces sentían que estaban a cargo solos.

Nivel 1: aquí están en su mejor momento; ahora logran cumplir con su ventaja creativa. Se sienten capacitados para asumir cualquier cosa y pueden experimentar las cosas con más riqueza y aprecio que cualquier otra persona. Pueden encontrar formas creativas de convertir experiencias, incluso aquellas que son incómodas, en cosas maravillosas que deben ser apreciadas y disfrutadas. Esto se debe a que ahora tienen un vasto léxico emocional; pueden apreciar todo tipo de matices.

Tipo 5: el investigador

Niveles insalubres

Nivel 9: En este punto, los cinco pueden incluso sentir que no existen. Se sienten completamente sin forma y pueden sentirse aplastados por el mundo que los rodea. Y entonces se vuelven suicidas o se involucran en un comportamiento autodestructivo.

Nivel 8: Están completamente enamorados de sus ideas, pero sienten que su mente tiene mente propia, lo que genera ansiedad. Sus mentes exploran cosas horribles, cosas que los asustan o incluso los perturban. Pueden sentirse asustados por su mente en esta etapa.

Nivel 7: Aquí, vemos que los Cinco se aíslan debido a esto y se alejan aún más de los demás. Están mal equipados socialmente y no están interesados en aprender a interactuar socialmente, por lo que alejan a los que intentan entrar en sus vidas. También se refugian en sus pensamientos y teorías porque los encuentran más interesantes.

Niveles promedio

Nivel 6: Vemos a cinco protegiendo su mundo interior. Empiezan a practicar su llamada intelectual volviéndose argumentativos. A veces, mantienen puntos de vista extremos o controvertidos solo por el vigor intelectual de todo esto. Odian cuando la gente los distrae de esta búsqueda.

Nivel 5: Empiezan su aventura con ideas cada vez más complejas. Esto hace que se retraigan.

Nivel 4: Piensan detenidamente antes de actuar. Explorar las cosas en su mente con todas sus diferentes permutaciones les da la confianza que necesitan para actuar. Esto los convierte en buenos investigadores y buenos pronosticadores. Debido a todo esto, desarrollan una desconfianza de aceptar las cosas a primera vista, ya que han aprendido cómo cambian las cosas bajo una observación cuidadosa. Como resultado, ponen a prueba ideas y desafían tradiciones y sabiduría establecidas.

Niveles saludables

Nivel 3: Su amor por el conocimiento y su inclinación aventurera ahora los ha atraído a algo que les interesa mucho. Se enfocan en desarrollar el dominio en ese tema, dedicando horas, días, meses e incluso años a esa búsqueda. Durante este tiempo, desarrollan formas de pensar muy originales y se vuelven independientes.

Nivel 2: Ahora que han adquirido todo ese conocimiento, miran el mundo que los rodea con una mente extraordinariamente perceptiva, capaz de separar las cosas hasta su funcionamiento más fundamental. Una vez que hayan hecho esto, pueden llegar a ideas y predicciones increíbles. Nada se les escapa.

Nivel 1: Ahora que han acumulado tanto conocimiento y experiencia, se vuelven de mente abierta, se vuelven inventivos e impulsan los respectivos campos en los que se encuentran.

Tipo 6: El leal

Niveles insalubres

Nivel 9: En el peor de los casos, son autodestructivos y suicidas, como los cinco. Intentan escapar de todos estos sentimientos intensos a través de las drogas, el alcohol y otros medios destructivos. Esto se debe a que sus sentimientos de ansiedad y paranoia se vuelven tan dominantes que encuentran que tomar sustancias disminuye el dolor.

Nivel 8: Se sienten atacados por otros, por lo que recurren a la violencia y la agresividad para protegerse. Este comportamiento puede parecer irracional, pero dentro de su psique, la seguridad proviene de aquellos que los apoyan, y algo aparentemente desafiante no parece algo que pueda actuar en su mejor interés.

Nivel 7: Aquí, temen que su comportamiento sabotee el poco apoyo y seguridad que tienen y entran en pánico. Este pánico los vuelve inestables y se sienten sin seguridad, por lo que buscan otras fuentes de seguridad.

Niveles promedio

Nivel 6: Se sienten inseguros, por lo que se vuelven reaccionarios y divisivos. Hacer esto los hace parecer duros y la tenacidad esconde su vulnerabilidad. Esta vulnerabilidad los hace demasiado ansiosos por señalar con el dedo a los demás.

Nivel 5: Aquí, se convierten en una mezcla de diferentes impulsos: el impulso de resistir y el impulso de afirmar su fuerza. Por ello, recurren a la agresividad pasiva y parecen indecisos, y tardan un poco en completar una tarea. Esto sucede porque todavía no están seguros de su seguridad, ya sea de los demás o de su capacidad para proporcionarla por sí mismos. Así que todavía están tratando de descifrarse.

Nivel 4: Ahora, tienen una idea de dónde se encuentran y qué pueden hacer para lograr una seguridad completa. Luego gastan su energía y tiempo tratando de lograrlo. Pueden volverse muy organizados, estructurados. Este cambio muestra cuán interesados están en que las cosas vayan bien porque, para ellos, lo que está en juego es todo su bienestar, su propio sentido de propósito.

Niveles saludables

Nivel 3: Se vuelven trabajadores y dedican su tiempo y recursos a instituciones, personas y comunidades que brindan y mantienen la seguridad y la protección. Muestran cuán socialmente constructivos pueden ser.

Nivel 2: Forman relaciones sólidas con los demás, basadas en la confianza y la apertura. Debido a esto, muchas personas los encuentran enamorados y rápidamente se sienten seguros en su compañía.

Nivel 1: Son completamente independientes, pero se niegan a no involucrarse por completo en el mundo y en la vida de los demás si se necesita su apoyo. Como resultado, parecen ser interdependientes, pero cooperan por la bondad de su propio corazón. Aquí pueden asumir fácilmente roles de liderazgo o ascender a puestos de responsabilidad. Son un pozo de estabilidad y sabiduría.

Tipo 7: El entusiasta

Niveles insalubres

Nivel 9: Son propensos a tener sentimientos de depresión y se vuelven suicidas. En su caso, su inestabilidad emocional en esta etapa es peligrosa porque se mezcla con impulsividad, lo que los hace particularmente propensos a tomar sobredosis o intentar suicidarse mucho antes de lo que la gente esperaría.

Nivel 8: Debido a que los sietes son muy expresivos, comenzarás a verlos volverse más erráticos e inestables. No podrán evitar mostrar todos sus impulsos y cambios de humor.

Nivel 7: Están trabajando duro para controlar sus cambios de humor, ansiedades aplastantes y depresión, por lo que se entregan a todo tipo de cosas que pueden ayudar en ese sentido. Esto los hace caer en exceso con el alcohol, las drogas y   tras adicciones que parecen tener un efecto en su estado mental.

Niveles promedio

Nivel 6: Son combativos en sus relaciones, ya sean laborales o personales. Se niegan a transigir en todo lo que hacen, percibiendo hacerlo como un signo de rendición o debilidad. Tratan mal a los demás como una forma de afirmar su poder, y descubren que, si lo hacen, otros se doblarán fácilmente cuando se enfrenten a ellos. Su reputación es de gran importancia para ellos. Por eso aprovechan todas las oportunidades para inflarlo. Ésta es una de las formas en que se propaga su influencia.

Nivel 5: afirman su dominio dondequiera que vayan. Pero ahora dejan de ser intimidantes. Recurren a técnicas que les brindan una mejor oportunidad de ganarse el apoyo de los demás. Han aprendido que ser combativo e intimidante no son formas sostenibles de lograr el control a largo plazo.

Nivel 4: aprenden a ser autosuficientes. Se toman en serio la recolección de tantos recursos en sus vidas que les proporcionen el control y el poder adecuados. Debido a que el nivel de comodidad que desean está ligado a ser libres, pueden comenzar su propio negocio y trabajar sin descanso en él, incluso hasta el punto de descuidar todas sus otras necesidades.

Niveles saludables

Nivel 3: Tienen mucha más confianza en sus caminos y han encontrado su nicho. Ahora puede ser visto como un líder natural que ha aprendido a mantener un equilibrio ventajoso entre su lado más vicioso y su lado más trabajador y pragmático. Siempre están ansiosos por tomar la posición de poder en cualquier dominio en el que se encuentren.

Nivel 2: Encuentran en sí mismos una pasión por muchas de las cosas que quieren y las obtienen. Están menos preocupados por intentar controlarlo todo y estar en el poder porque confían en que lo tienen. Dondequiera que se encuentren, estarán bien. Así que entran en el trabajo con mucha más confianza, gracia y gentileza.

Nivel 1: Ahora son magistrales. Ahora han aprendido a domesticarse. Se muestran misericordiosos, valientes y en la cima de su juego.

Tipo 8: El retador

Niveles insalubres

Nivel 9: Cuando se enfrentan a una situación difícil, responden con fuerza de una manera que algunos podrían llamar bárbara, despiadada o desalmada. Se tambalean cerca de la sociopatía y el desorden antisocial. Esto se debe a que su mayor temor es la pérdida de control, por lo que hacen amenazas para mantenerse al mando. Creen que responder con tanta fuerza es la mejor manera de hacerlo.

Nivel 8: Creen que son mucho más poderosos de lo que generalmente son. Sobreestiman su influencia. Esto se debe a que, cuando otros se acobardan ante ellos, piensan que han ganado, sin darse cuenta de que solo sembraron enemigos.

Nivel 7: Se niegan a estar bajo el mando, la autoridad o el control de nadie, incluso cuando esa persona lo espera legítimamente de ellos. Se rebelan y van a cualquier lugar donde puedan afirmarse. Esto se debe a que perciben cualquier sumisión como una amenaza para su sentido de sí mismos.

Niveles promedio

Nivel 6: Son combativos en sus relaciones, ya sean laborales o personales. Se niegan a transigir en todo lo que hacen, percibiendo hacerlo como un signo de rendición o debilidad. Tratan mal a los demás como una forma de afirmar su poder, y descubren que, si lo hacen, otros se doblarán fácilmente cuando se enfrenten a ellos. Su reputación es de gran importancia para ellos. Por eso aprovechan todas las oportunidades para inflarlo. Ésta es una de las formas en que se propaga su influencia.

Nivel 5: Afirman su dominio dondequiera que vayan. Pero ahora dejan de ser intimidantes. Recurren a técnicas que les brindan una mejor oportunidad de ganarse el apoyo de los demás. Han aprendido que ser combativo e intimidante no son formas sostenibles de lograr el control a largo plazo.

Nivel 4: Aprenden a ser autosuficientes. Se toman en serio la recolección de tantos recursos en sus vidas que les proporcionen el control y el poder adecuados. Debido a que el nivel de comodidad que desean está ligado a ser libres, pueden comenzar su propio negocio y trabajar sin descanso en él, incluso hasta el punto de descuidar todas sus otras necesidades.

Niveles saludables

Nivel 3: Tienen mucha más confianza en sus caminos y han encontrado su nicho. Ahora puede ser visto como un líder natural que ha aprendido a mantener un equilibrio ventajoso entre su lado más vicioso y su lado más trabajador y pragmático. Siempre están ansiosos por tomar la posición de poder en cualquier dominio en el que se encuentren.

Nivel 2: Encuentran en sí mismos una pasión por muchas de las cosas que quieren y las obtienen. Están menos preocupados por intentar controlarlo todo y estar en el poder porque confían en que lo tienen. Dondequiera que se encuentren, estarán bien. Así que entran en el trabajo con mucha más confianza, gracia y gentileza.

Nivel 1: Ahora son magistrales. Ahora han aprendido a domesticarse. Se muestran misericordiosos, valientes y en la cima de su juego.

Tipo 9: El pacificador

Niveles insalubres

Nivel 9: Tienen altos niveles de auto descuido. Son conocidos por estar desorientados y sentirse confundidos y molestos.

Nivel 8: Dado que tienen tan poca paz dentro de ellos, se esfuerzan por proteger la poca paz que pueden reunir. Así que bloquean los problemas del mundo que los rodea y se refugian en su interior. Debido a que se refugian, no pueden funcionar fácilmente dentro de la palabra y el mundo puede ser sobre estimulante a veces.

Nivel 7: Tienen un alto sentido de vulnerabilidad; sienten que no pueden lidiar con los problemas o conflictos que puedan surgir. Así que hacen todo lo posible para evitar conflictos. Todavía encuentran el mundo demasiado duro para ellos.

Niveles promedio

Nivel 6: Como estrategia para lidiar con la sobrecarga, comienzan a hacer las cosas mucho menos serias de lo que son: minimizan. Esperan que si lo hacen no se sientan amenazados y que quienes los rodean no respondan de manera desfavorable a la situación. Este método se extiende a las personas. También pueden volverse tercos porque solo conocen algunas formas que funcionan para ellos: tienen muy pocos mecanismos de afrontamiento que otros puedan entender.

Nivel 5: Comienzan a involucrarse, pero todavía parecen estar alejados, desatentos y retraídos. Hacen esto porque no quieren verse afectados cuando las cosas se ponen feas; esta estrategia de distanciamiento y de pies en el agua sirve para ese propósito. Se niegan a confrontar o enfrentar los problemas de frente, o incluso a traer noticias que puedan ser preocupantes; en cambio, ocultan estos problemas el mayor tiempo posible. Pasan mucho tiempo pensando.

Nivel 4: Todavía temen meterse en conflictos, por lo que se vuelven humildes, reservados y complacientes en su trato con los demás. Ya no son distantes, pero se niegan a hacer valer su voluntad, sino que están de acuerdo con los demás. En este punto, todos están felices de verlos involucrados porque es mucho más cómodo tratar con eso. Se adaptan fácilmente y, cuando se encuentran en situaciones difíciles, se desvían.

Niveles saludables

Nivel 3: Se vuelven más solidarios con los demás, se sienten cómodos de no estar en el centro de atención. Piensan mucho, por lo que un nueve muy perspicaz puede ofrecer un gran consejo a quienes están en posiciones de poder. Disfrutan suavizando las cosas cuando las personas están en conflicto y tienen habilidades excepcionales de negociación, habiendo aprendido a obtener lo que quieren sin ser enérgicos.

Nivel 2: Son serenos y son un pozo de armonía y paz.

Nivel 1: Se sienten satisfechos y contentos; ven el mundo con más conciencia. Pueden formar relaciones profundas y fuertes, y dondequiera que vayan, irradian paz y quietud. Están conectados con el presente y con los demás con gran profundidad e intensidad sin perderse de vista a ellos mismos.

Capítulo 4: Autorrealización

Este capítulo explorará lo que tienen que hacer los diferentes tipos de personalidad para llegar rápidamente a la autorrealización.

Tipo 1: El reformador

Necesitan darse cuenta de que el mundo no depende completamente de ellos para que se produzca el cambio. Pueden descansar y gastar su energía en otra parte. Está bien cuidarse a sí mismos primero. El planeta entero es el proyecto de muchos; cada uno de nosotros hace algo que cuenta de alguna manera grande o pequeña. Así que juega tu parte y no te excedas.

Es posible que sientas que es tu lugar decirle a los demás cuando han hecho algo mal o sentirse justificado para mostrar su enojo e insatisfacción. Debes aprender que todos tenemos nuestras deficiencias y que lo que encuentras fácil y obvio puede que no les resulte tan fácil a los demás, y viceversa. Por lo tanto, debes practicar mucha más paciencia con los demás. Cuando sientas la necesidad de ser crítico, piensa en algo agradable que puedas decir sobre la persona. El refuerzo positivo es muy alentador y crea relaciones duraderas a largo plazo. Esto es lo que necesitas.

Déjate ser humano; permítete sentir cosas y hablar más abiertamente sobre tus emociones. Esto fomentará relaciones más profundas con otras personas en tu vida. Puede ser difícil hacerlo, pero debes darte cuenta de que otras personas no ven las emociones o la naturaleza humana de la misma manera que tú. No son tan rápidos para juzgar o encontrar faltas, por lo que está bien confesarse y abrirse. Te hará mucho más justo. Si encuentra fallas en ti mismo, abrázalas y no seas duro contigo mismo, ya que esto te permitirá manejar mejor el problema.

Tipo 2: El ayudante

Debes aprender temprano que debes atender tus necesidades antes de satisfacer las de cualquier otra persona. Si haces esto, te liberarás de los sentimientos de resentimiento, ira y derecho. Las personas que aceptan tu ayuda lo hacen asumiendo que tú estás en condiciones de ayudar; no están al tanto de todos los sacrificios que haces. Entonces, cuando te enojas con ellos por eso, lo ven como injusto porque no te habrían preguntado si lo supieran.

Siempre que sientas la necesidad de ayudar a alguien, observa tus motivaciones. Si esperas algo a cambio y es apropiado preguntar, déjalo claro. De lo contrario, ayuda a los demás porque es lo correcto y te hace feliz. Cuanto antes aprendas que nadie te debe nada, antes te ahorrarás muchos dolores de cabeza y te convertirás en la fuente de toda tu felicidad. Las personas se sienten atraídas y aman a las personas felices consigo mismas.

No hagas que los demás se sientan en deuda contigo, aunque lo estén. Hacerlo solo hará que los que te rodean se sientan mal y es posible que se aparten de ti.

Tipo 3: El triunfador

Trabajas duro y puedes sentir que esto es lo único que debería importar, pero no lo es. Permítete tomar descansos y conectarte con las personas en tu vida. No tiene por qué ser algo que ocupe todo el día, un par de mensajes de texto o una llamada telefónica o compartir el almuerzo con ellos será suficiente. Esto repondrá tus recursos y te permitirá convertirte en un individuo más completo que tiene éxito en muchos frentes. No es bueno tener cosas juntas en un área y no mucho en otras áreas de tu vida.

No trates de impresionar a los demás siendo jactancioso y llamativo, esto solo alejará a otras personas de ti o arruinará la esencia de tu relación con ellos. Los frutos de tu trabajo hablarán por sí mismos. Trata de ser auténtico y con los pies en la tierra, y no te escondas detrás de grandes ideas sobre quién eres y lo que has logrado. Aprende a cooperar con los demás y a participar en un proyecto social. Esto te ayudará a encontrarte a ti mismo.

Tipo 4: El individualista

No te dejes llevar puramente por tus sentimientos. Debes hacer las cosas incluso cuando no estés de humor para hacerlas porque hacerlo te ayudará a revelar tu naturaleza a ti mismo, ya que estarás fuera de los límites de tus emociones. Digo esto porque los cuatro a menudo confunden cómo se sienten con quiénes son, pero los sentimientos no son tu identidad, son eventos que te suceden. Para crecer, necesitas descubrir quién eres más allá de tus vínculos.

Aprende a afrontar nuevos desafíos incluso si sientes que no estás preparado o estás mal preparado. Es la única forma en que desarrollarás plena confianza en ti mismo y crecer. Deberías pensar en reducir la cantidad de alcohol que bebes o autocomplacerte, ya que estas cosas te afectan negativamente. A veces no es que no lo estás haciendo bien porque eres incapaz, sino que son los hábitos poco saludables los que te están frenando.

Tipo 5: El investigador

Puedes ser indeciso ya que puedes ver muchas formas en que una situación podría evolucionar. Puede resultar útil acelerar tu proceso de toma de decisiones. Encuentra a alguien en cuyo juicio confíes y pídele que te dé consejos. Al final, debes sentirte cómodo con el hecho de que no existen decisiones perfectas. Lo mejor que puedes hacer es tomar decisiones con menos desventajas. Confía en el hecho de que no puedes tomar demasiadas malas decisiones seguidas, por lo que, si descubres que has tomado una, puedes salir de ella; no es el fin del mundo.

Debes permitirte calmarte y aquietar tu mente. Por tanto, es importante encontrar actividades que te ayuden a hacer esto. Puede ser fácil recurrir a las drogas y al alcohol para lograr esto, pero estas sustancias no son buenas para la autoestima o la sensación de bienestar. Pasan por alto tu proceso de toma de decisiones, por lo que te encuentras tomando decisiones que normalmente no tomarías, y esto puede lastimarte. Usa sustancias con moderación o no las uses en absoluto. La meditación puede resultar muy beneficiosa para ti. Aprende a controlarte y no dejarte atrapar por donde tu curiosidad te lleve.

Tipo 6: El leal

La ansiedad es un gran problema para ti. Siempre sientes que algo puede salir mal incluso cuando las cosas parecen estar bien. Este sentimiento de inquietud es algo de lo que debes aprender a no huir. Debe darse cuenta de que la mayoría de las cosas que te preocupan no suceden en absoluto. Por ejemplo, puedes simplemente anotar las cosas que te preocupan en un diario. Luego, regresa para ver cuáles de las cosas que te preocuparon se han hecho realidad, y verás que muy pocas lo han hecho. Podrías decir: "Todavía no". Pero esto pierde el punto; cuando estás ansioso, estás ansioso de que suceda en cualquier momento. Deberías preguntarte, si no ha sucedido desde entonces, ¿de qué sirve vivir como si hubiera sucedido?

Deberías aprender a calmarte de una manera saludable; las drogas y el alcohol solo empeorarán tu situación ya que pueden desestabilizar tu mente. Debes aprender a confiar en los demás; si lo encuentras difícil, es posible que las personas que te rodean no inspiren confianza, así que busca a alguien que sí lo haga. Si bien no todos inspiran mucha confianza, la mayoría de las personas merecen al menos algo, así que aprende a delegar y a confiar en los demás. Esto te hará sentir mucho más ligero.

Tipo 7: El entusiasta

Tu mayor problema es tu impulsividad. Debes tratar de observar tus impulsos, experimentarlos como son y dejarlos pasar. El objetivo de esto es que te des cuenta de que no tienes que actuar en todos. Aprende a hacer las cosas con moderación. Intenta practicar una gratificación más retrasada; no siempre tienes que tener lo que quieres cuando lo quieres. Estos pequeños hábitos te ayudarán a descubrirte a ti mismo porque no estarás demasiado ocupado sumergiéndote en lo que te llame la atención.

Tipo 8: El retador

No siempre es necesario tener el control de las situaciones. Aprende a darles espacio a los demás y la oportunidad de controlar las cosas, y dales la autonomía que se merecen. No estarás preparado para tomar la iniciativa en todas las situaciones. No todo el que parece interponerse en tu camino está en tu contra. En general, las personas tienen buenas intenciones, así que trata de encontrar las buenas razones por las que las personas en tu vida hacen lo que hacen. Debes resistir el impulso de ser amenazante y confrontativo, sobre todo, no te dará lo que quieres. Esta estrategia no es útil a plazo; la vida es una maratón, no una carrera.

Tipo 9: El pacificador

No te hará daño ser honesto acerca de tus sentimientos y decirle a la gente lo que quieres, incluso si puede alterar las cosas. No todos los conflictos son malos y no todos conducirán al desastre; algunos de ellos son una oportunidad de crecimiento. Solo cuando te abras a esa idea comenzarás a tener relaciones nutritivas en tu vida. Debes estar seguro de que, si surge un conflicto, tu naturaleza pacífica es lo suficientemente competente para enfrentarlo. Tienes que ser más abierto y verás que el mundo es mucho más amable y acogedor con tu naturaleza de lo que crees.

Conclusión

Como prometí, nuestro viaje fue corto, pero con información útil. Espero que la guía que te he brindado te resulte útil en tu viaje por la vida y el autodescubrimiento.

El Libro de Prueba del Eneagrama

Una Guía Práctica para el Autodescubrimiento y la Autorrealización para Mejorar las Relaciones y Llevar Una Vida Mejor: Los Mejores Audiolibros y Libros del Eneagrama; Libro 2

Por Carly Greene

Tabla de Contenidos

Tabla de Contenidos
Introducción
El Cuestionario
Interpretando EL QUESTIONARIO
Tipo uno: EL REFORMADOR

El patrón de la infancia
Prácticas que ayudan a los uno a desarrollarse

Claves para la reflexión

Tipo dos: EL AYUDANTE

El patrón de la infancia
Prácticas que ayudan a los dos a desarrollarse

Claves para la reflexión

Tipo Tres: EL Triunfador

El patrón de la infancia
Prácticas que ayudan a los tres a desarrollarse

Claves para la reflexión

Tipo Cuatro: EL INDIVIDUALISTA

El patrón de la infancia
Prácticas que ayudan a los cuatro a desarrollarse

Claves para la reflexión

Tipo cinco: EL INVESTIGADOR

El patrón de la infancia
Prácticas que ayudan a los cinco a desarrollarse

Claves para la reflexión

Tipo seis: EL LEAL

El patrón de la infancia
Prácticas que ayudan a los seis a desarrollarse

Claves para la reflexión

Tipo Siete: EL ENTUSIASTA

El patrón de la infancia
Prácticas que ayudan al siete a desarrollarse

Claves para la reflexión

Tipo ocho: EL DESAFIANTE

El patrón de la infancia
Prácticas que ayudan a los ocho a desarrollarse

Claves para la reflexión

Tipo Nueve: EL PACIFICADOR

El patrón de la infancia
Prácticas que ayudan a los nueve a desarrollarse

Claves para la reflexión

Conclusión

Introducción

Se dice que los principios del Eneagrama existen desde la historia antigua. Sus raíces se remontan a hace unos 4.500 años, en Babilonia. También se ha dicho que agregó su influencia del movimiento de la Cabalá judía, el misticismo cristiano e incluso el sufismo, una forma mística del Islam. Los tipos de personajes del Eneagrama también aparecieron fuertemente en La Divina Comedia de Dante al trazar el mapa del crecimiento personal y la transformación de cada uno de los personajes en el poema. George Ivanovich Gurdjieff introdujo por primera vez la metodología del Eneagrama a sus estudiantes en la década de 1930. Él era un maestro espiritual y lo presentó como un símbolo espiritual. Hoy, los investigadores se enfocan en el aspecto psicológico del Eneagrama en lugar del aspecto religioso. El Eneagrama se utiliza principalmente como una herramienta de autodominio para desarrollar personalidades y para el autoconocimiento personal. Su aplicación también ha demostrado ser bastante valiosa en asesoramiento y psicoterapia, así como en el desarrollo empresarial.

Entonces, ¿qué es exactamente el Eneagrama? El sistema del Eneagrama describe los nueve tipos de personalidad y explica cómo cada uno de ellos interpreta el mundo. Cada uno de los nueve tipos de personalidad tiene un sistema de creencias central en el que operan. Su percepción del mundo está determinada por sus personalidades, y aunque estas percepciones no son necesariamente erróneas, tienen sus limitaciones. Al comprender cada tipo de Eneagrama, obtendrá información sobre los patrones de comportamiento y comenzará a comprender cómo las creencias fundamentales de una persona la motivan a tomar sus decisiones. Este sistema lo guiará para comprender mejor las reacciones de las personas frente al estrés y para fomentar el desarrollo personal y profesional, así como un crecimiento espiritual más profundo.

Eneagrama no agrupa a las personas por su comportamiento, sino por lo que las motiva. Cada tipo tiene diferencias únicas y el Eneagrama sirve para señalar los deseos y ansiedades de cada tipo. La prueba del Eneagrama te comparará con los nueve tipos de personalidad y encontrará el que mejor se adapte a ti. A medida que respondas las preguntas de la prueba de personalidad del Eneagrama, elije la respuesta que mejor te describa en el momento presente y no sobre cómo te ves a ti mismo en el futuro. Si no estás seguro o no estás convencido de que una respuesta te describa con precisión, piensa en cómo eras en tus años de formación. Tendemos a ser más fieles a nosotros mismos cuando somos adultos jóvenes. La prueba del Eneagrama explora la psique humana e interconecta los nueve tipos diferentes de personalidad. Aunque podemos identificarnos con más de un tipo de personalidad, el resultado más importante de esta prueba será mostrarte a qué tipo te adhieres más. Una vez que te des cuenta de tus fortalezas y debilidades, podrás comenzar a mejorar tu vida de la manera más notable. Los nueve tipos han recibido diferentes nombres basados en los autores individuales del Eneagrama. Este libro utilizará los nombres dados por Riso y Husdon, que son:

1. El reformador
2. El ayudante
3. El triunfador
4. El individualista
5. El investigador
6. El leal
7. El entusiasta
8. El retador
9. El pacificador

Los beneficios del Eneagrama nos ayuda a determinar nuestro propio tipo de personalidad sin ponernos en una caja, mientras nos ayuda a ver nuestras limitaciones (o nuestra caja) de cómo experimentamos el mundo. Aunque nuestras personalidades nos permiten expresarnos, pueden limitar nuestra perspectiva. Los desafíos surgen cuando nos quedamos estancados en nuestros hábitos. Al tomar conciencia de estos patrones, nuestras vidas pueden volverse más satisfactorias, nuestras relaciones pueden volverse más saludables y podemos conectarnos mejor con nuestro verdadero yo. El Eneagrama nos ayudará a comprender nuestras reacciones para que podamos ser más hábiles al trabajar con las personas. Nuestras relaciones personales y laborales serán más exitosas. Aprenderemos a no tomarnos la hostilidad y la negatividad como algo personal una vez que entendamos lo que las personas piensan y cómo se sienten. Nos volvemos más compasivos y tolerantes con los demás. El Eneagrama te ayudará a identificar las áreas psicológicas o emocionales que necesitan curación. Ofrece crecimiento personal y una forma de desarrollar tu vida interior mientras te permite experimentar la presencia del Espíritu que está dentro de nosotros.

El Cuestionario

El cuestionario principal a seguir es el QUEST de Riso Hudson, o Prueba de clasificación rápida del Eneagrama. Podrás reducir las posibilidades para tu tipo en menos de cinco minutos. También hará posible la identificación de otras dos o tres posibilidades para tu tipo. El siguiente conjunto de cuestionarios se relaciona con el Riso-Hudson TAS (Clasificador de actitud de tipo). Hay una lista de quince declaraciones con un carácter en mente para cada uno de los nueve tipos. Si no has realizado un Eneagrama antes, comienza con QUEST y luego con TAS para encontrar una coincidencia. Por ejemplo, supongamos que QUEST sugiere que tú eres del tipo 6, puedes ir inmediatamente a las quince declaraciones de la TAS. Puedes verificar las declaraciones asociadas con el Tipo 6 y ver si obtienes una puntuación alta allí también.

Si es correcto, entonces estás en el camino correcto. Existe la posibilidad de que un autodiagnóstico sea incorrecto, así que mantén la mente abierta y continúa explorando el Tipo 6. Si encuentras que los ejercicios tienen un efecto fuerte en ti, lo más probable es que seas un Tipo 6. Pasa tiempo leyendo este libro para comprender tu tipo. Medita un rato en la información, este descubrimiento no tiene fin. El autodescubrimiento es un viaje continuo.

Una vez que hayas descubierto tu tipo, es posible que experimentes muchas emociones diferentes, incluida la satisfacción, la vergüenza o la felicidad. Una vez que las cosas que has sabido casi instintivamente sobre ti mismo y los patrones de tu vida se vuelven claros, puedes estar seguro de haber identificado tu tipo de personalidad.

La QUEST de Riso-Hudson: la prueba de agrupación rápida del Eneagrama.

INSTRUCCIONES:

Para que QUEST genere los resultados correctos, debe leer y seguir estas sencillas instrucciones.

1. Seleccione un párrafo, uno de cada uno de los dos grupos, que describa mejor su comportamiento y actitudes generales que han prevalecido a lo largo de su vida.

2. Aunque no todas las frases o descripciones de estos párrafos pueden ser ciertas para usted, si está de acuerdo con que sea al menos un 90% correcto, elíjalo sobre las otras dos. Mire la imagen completa y no rechace un párrafo solo porque no esté de acuerdo con algunas de las palabras. Debe estar de acuerdo con el tono general del párrafo.

3. Vaya con su instinto y no analice demasiado los párrafos. Tu intuición te dirá cuál es el adecuado para ti. El párrafo en su conjunto es mucho más importante que las palabras individuales.

Grupo I (elije A, B o C)

A. He sido independiente y bastante asertivo. Siempre he sentido que es mejor afrontar la vida de frente. Quiero que las cosas sucedan, así que establezco mis propias metas porque sé exactamente lo que quiero. No me gusta sentarme, quiero involucrarme. Trabajo duro y juego duro; Quiero lograr algo grande y tener un impacto en este mundo. No soy conflictivo, pero no dejaré que nadie me empuje.

B. Tiendo a ser callado y me gusta estar solo. No busco mucho la atención y me mantengo solo en los entornos sociales. Generalmente no soy asertivo ni contundente. No soy competitivo y no me gusta tomar la iniciativa en nada. Me han llamado soñador, aunque la mayor parte de mi energía va a mi imaginación. Estoy contento sin estar activo todo el tiempo.

C. He sido extremadamente dedicado y responsable durante la mayor parte de mi vida. Me siento culpable cuando no puedo asistir a mis citas y / o cumplir con las expectativas. Aunque no lo saben, he hecho sacrificios personales por muchas personas. Me he puesto a disposición de la gente y creo que sé qué es lo mejor para ellos, y haré lo que sea necesario.

Generalmente hago lo que quiero; me cuido lo suficiente, cuando hay tiempo. Hago lo que hay que hacer y luego me relajo.

Grupo II (Elige 1, 2 o 3)

1. Tengo una visión positiva de la vida y creo que todo saldrá bien al final. Siempre puedo encontrar algo en lo que ocuparme y lo haré con la mayor cantidad de entusiasmo. Disfruto estar en compañía de otras personas y hacerlas felices. Hay momentos en los que no me siento muy bien, pero tiendo a ocultarlo a los demás. Mantener una actitud positiva hacia los demás a veces significa que no trato mis problemas de manera rápida y efectiva.

2. Tengo sentimientos tan fuertes sobre cosas que la mayoría de la gente puede decir cuando no estoy contento con algo. Pongo la guardia en alto cuando estoy con gente porque soy una persona bastante sensible. Dejo bastante claro dónde están los demás conmigo, por lo que, a su vez, espero saber cuál es mi posición con ellos. Cuando estoy alterado o molesto por algo, los demás deben responder de la misma manera. Aunque sé lo que hay que hacer, no me gusta que la gente me diga constantemente lo que debo hacer. Quiero tomar decisiones por mí mismo.

3. Me siento extremadamente incómodo al lidiar con los sentimientos porque soy lógico y tengo autocontrol. Soy perfeccionista y prefiero trabajar por mi cuenta. Mis sentimientos no se convierten en conflictos o problemas. Me han llamado genial y distante porque no muestro mis emociones ni dejo que me afecten. Solo se interpondrán en mi camino y me distraerán de lo que es realmente importante.

Su código de dos dígitos será una letra del grupo I y un número del grupo II. Si te resulta difícil elegir una letra y un número, es posible que tengas una combinación de ambas personalidades. Ten en cuenta ambos códigos e investiga un poco sobre cada uno de ellos. Por ejemplo, si eliges B del grupo uno, pero encuentras que 1 y 3 te quedan del grupo II, tu combinación será B1 y B3.

Interpretando EL QUESTIONARIO

Une la letra y el número que elegiste del código de 2 dígitos. Si elegiste el párrafo C en el grupo I y el párrafo 2 en el grupo II, esto producirá el código de dos letras C2. Para averiguar qué tipo de personalidad básica indica la QUEST que eres, mira los códigos QUEST a la derecha (Kilson, 2020).

Código de 2 dígitos		Tipo Nombre y características clave
A1	7	El Entusiasta: Alentador, Logrado, Impetuoso
A2	8	El Desafiante: seguro de sí mismo, decidido, dominante
A3	3	El Triunfador: flexible, atrevido, consciente de la imagen
B1	9	El Pacificador: sensible, reconfortante, demasiado confiado
B2	4	El Individualista: instintivo, visual, ensimismado
B3	5	El Investigador: perceptivo, avanzado, aislado
C1	2	El Ayudante: cariñoso, amplio, dominante
C2	6	El Leal: atractivo, responsable, protector
C3	1	El Reformador: lógico, con principios, autocontrolado

Tipo uno: EL REFORMADOR

En lugar de avergonzarse de sus defectos, los Tipo Uno, o los reformadores, aceptan sus imperfecciones como perfecciones.

Este tipo de personalidad es conocido por ser responsable y se le considera perfeccionista. Se toman la vida demasiado en serio y muestran una fuerte aversión hacia los que no lo hacen. Son trabajadores, ambiciosos e impulsados hacia la perfección. Aunque ponen un gran esfuerzo en mejorar el mundo, tienden a ver el mundo en blanco y negro. El perfeccionista en ellos los hace parecer críticos y condescendientes, pero su deseo es poner orden y mejorar lo que perciben como caos. Su naturaleza práctica y su ojo para los detalles los hacen excelentes en la administración, aunque generalmente asumen más de lo que deberían.

Tienden a ver defectos en ellos mismos y en las personas que los rodean, así como en las situaciones en las que se encuentran. Su impulso por corregir estas imperfecciones los pone tan tensos que apenas pueden relajarse. Actúan sin pensar, generalmente porque tienen una fuerte fe en sus convicciones. Son personas difíciles de convivir y para llevarse bien debido a sus elevados principios y su actitud intransigente. Esperan que todos sigan las reglas como ellos, por lo que es menos probable que los reformadores sean espontáneos. Son excelentes líderes y tienen numerosos intereses. Son organizadores prácticos, trabajadores y natos, honestos y confiables.

Se sienten incómodos al mostrar cualquier tipo de emoción ya que ven esto como un signo de debilidad. Pueden reprimir su ira hasta el punto en que se manifiesta como molestia, frustración y ataques de mal genio. Tienen un deseo básico de ser íntegros, buenos y equilibrados. Sus miedos básicos son estar o volverse corruptos o defectuosos.

Las fortalezas del reformador incluyen:

- Honestidad
- Fiabilidad
- Atención a los detalles
- Cuidado por la comunidad

- Tener valores personales y los derechos de los demás le causan motivación
- Optimismo e idealismo
- Tranquilidad

Las debilidades del reformador incluyen:
- Perfeccionismo
- Ser demasiado crítico y moralista
- Estar establecido en sus caminos
- Actuar con resentimiento
- Tendencia a sermonear
- Estar fuertemente enfocado en los detalles minuciosos
- Ser terco

El patrón de la infancia

De niños, aquellos que exhiben el tipo de personalidad reformadora probablemente se habrían sentido criticados, o más a menudo, no lo suficientemente buenos. Puede que haya habido muchas inconsistencias en sus hogares. La condena o la naturaleza abusiva de sus hogares los convirtió en sus propios jueces y provocó que se desconectaran de un padre que debería haber sido su protector. Para hacer frente a esta desconexión, desarrollaron una obsesión por evitar errores y trabajar más duro para complacer y ganar aceptación. Se autocontrolaron cuando eran niños, castigándose a sí mismos antes que nadie. Sus propios sentimientos fueron reprimidos porque tenían que respetar la línea y ser responsables. Nunca hubo arrebatos de ira; esta emoción generalmente se manifestaba con dientes apretados mientras hacían una tarea. Para superar cualquier expectativa de ellos, siguen su propio conjunto de reglas y código de conducta. La defensa psicológica del tipo reformador es evitar la ira y mantener la imagen de tener siempre la razón.

Prácticas que ayudan a los uno a desarrollarse

Tómate un tiempo para ti y relájate. No tienes que tener el control de todo, porque afortunadamente, el mundo no depende de ti (aunque puedes sentir que sí). Puedes ser un excelente maestro; sin embargo, no muchas personas son tan autodisciplinadas como tú, así que no esperes que cambien de inmediato. La autocrítica y la irritación no hacen nada para mejorarte a ti mismo ni a nadie, así que trata de no preocuparte por los errores de otras personas. Tu superyó no te ayuda, te socava. Tu ira moralista aleja a las personas cada vez que te ofendes, simplemente porque no han hecho lo correcto según tu definición.

Ponte en contacto con tus emociones e impulsos inconscientes. Prueba la terapia de grupo o cualquier tipo de trabajo grupal que te ayude a desarrollar tus emociones de manera positiva. La ira y el resentimiento reprimidos pueden eclipsar tu vida, especialmente si esto está asociado con lo que crees que es verdad. Observa cómo reaccionan los demás cuando no eres crítico o no te apresuras a señalar sus errores. La necesidad de estar en lo cierto o de tener el control todo el tiempo puede generar tensión física en el cuello y los hombros y, a veces, incluso en la mandíbula.

Sé paciente, no esperes que los demás cambien automáticamente y piensen como tú. Reserva algo de tiempo para relajarte y delega algunas tareas a otros. Comprende tus emociones y siéntete en sintonía con ellas.

Claves para la reflexión

Detente unos minutos al menos tres veces al día para centrarte y reflexionar sobre lo siguiente:

Siempre que tu mente vea que algo está mal y necesita ser corregido, detente y observa cómo tu mente se equivoca. Discierne si realmente es necesario corregirlo.

Siempre que tu voz interior se vuelva crítica, detente y observa la cantidad de energía que entra en juicio. Practica liberar la energía de tu cuerpo.

Siempre que te encuentres juzgando a los demás o a ti mismo, detente y observa con qué frecuencia reaccionas a estos sentimientos. Reconoce y libera todos y cada uno de los juicios de ti mismo que ya no sean válidos.

Sé amable contigo mismo y sé receptivo a la serenidad tranquila y sin problemas que está presente. Diviértete con tus seres queridos y desarrolla al niño que llevas dentro. Revisa las actividades de la infancia que te hicieron realmente feliz. Reserva una parte de tu día en la que puedas relajarte y reflexionar. Alternativamente, toma descansos programados durante el transcurso de tu jornada laboral para evitar agotarte. Mejora tu estado de ánimo con la risa.

Tipo dos: EL AYUDANTE

A diferencia de los del Tipo Uno, los tipos de personalidad del Tipo Dos (o los Ayudantes) prefieren centrarse en el cuidado de los demás, en lugar de ellos mismos.

Este tipo de personalidad está formado por individuos desinteresados y cariñosos que siempre están dispuestos a participar y ayudar a los demás. Suelen concentrarse en entablar relaciones y son excelentes para hacer amigos. Son solidarios y generosos, y están tan interesados en las personas que recuerdan los cumpleaños de todos. Están realmente interesados en lo que perciben como las cosas buenas de la vida, como la familia, el amor y la amistad. Están constantemente buscando oportunidades para marcar la diferencia. Las personas se sienten atraídas por el tipo de personalidad Ayudante debido a su cálido corazón y el aprecio y la atención que les brinda.

Sin embargo, el amor y el afecto que da este tipo de personalidad tiene otro lado. Su necesidad de aprecio puede hacer que se esfuercen demasiado para ganarse el afecto de los demás y, a menudo, terminan con un sentido de derecho. Se vuelven mandones, intrusivos y manipuladores, y se sienten justificados al hacerlo. Son esponjas emocionales; les resulta difícil establecer límites o enojarse. Poner a los demás primero finalmente hace que el tipo de personalidad Ayudante se sienta secretamente resentido, y aunque trabajan muy duro para reprimir esta emoción, estallan ocasionalmente. Es probable que se adapten para ganarse la aprobación de amigos y seres queridos. Reprimen sus propias necesidades para parecer útiles. Tienen un miedo básico a ser indignos de amor y un deseo básico de ser amados.

Las fortalezas del Ayudante incluyen:
- Comunicación
- Popularidad
- Ser cariñoso y agradable
- Ser comprensivo
- Ser humilde

- Ser intuitivo

Las debilidades del Ayudante incluyen:
- Ser ingenuo
- Ser orgulloso y privilegiado
- Tener baja autoestima
- Creerse indispensable
- Auto-importancia inflada

El patrón de la infancia

Cuando eran niños, aquellos que exhibían la personalidad de Ayudantes se sentían amados solo cuando estaban ayudando a otros. Sentían que no había guía ni estructura en sus hogares y que la única forma de ganarse el amor era reprimir sus propias necesidades. Aunque el amor que dieron no siempre fue correspondido, cerraron sus propias necesidades porque se sentían egoístas. Su seguridad y sentido de pertenencia proviene de ser necesitados, y su amor finalmente se vuelve condicional. Esto podría manifestarse haciendo tareas domésticas o asumiendo responsabilidades de adultos como una forma de ganarse el amor que otros dan por sentado. El amor se define por dar y no recibir.

Prácticas que ayudan a los dos a desarrollarse

Primero, atiende tus propias necesidades, ya que te asegurarás de que puedas satisfacer las de cualquier otra persona sin resentimientos ni frustraciones. Es de sentido común asegurarte de que te has cuidado antes de atender las necesidades de los demás. Antes de decidir ayudar a alguien, piense cuáles son tus motivos para hacerlo. ¿Esperas algo a cambio? Si lo haces, es posible que te lleves una amarga decepción. Aunque es un rasgo admirable estar ahí para alguien, siempre es bueno preguntar qué es lo que realmente necesita. El hecho de que tengas un sentimiento intuitivo de sus necesidades no significa que ellos quieran que tú las satisfagas. La comunicación es clave, y si rechazan tu oferta de ayuda, acepta su decisión con elegancia. Ten cuidado de no recordarle a nadie lo que has hecho por ellos, permíteles agradecerte a su manera. De ninguna manera lo están rechazando si no te brindan el reconocimiento que deseas o si rechazan tu oferta de ayuda.

Estos tipos de personalidad experimentan tensión alrededor de las áreas del pecho y el diafragma. La energía acumulada en la parte superior de sus cuerpos hace que sea difícil mantenerse en tierra y se vuelven dramáticos y comunicativos. Suelen convertir sus sentimientos reprimidos en síntomas físicos.

Reconoce que tus propias necesidades son tan importantes como las necesidades de los demás. No podrás satisfacer las necesidades de otros si no satisfaces tus propias necesidades. Aunque a veces es bueno intervenir y ayudar, a veces es necesario tomar un descanso.

Claves para la reflexión

Sin juzgarte a ti mismo, toma nota de las razones por las que ayudas y sanas a quienes te rodean. ¿Qué es lo que alimenta tu necesidad de ser indispensable? No hay absolutamente ninguna necesidad de que reprimas tus propios deseos satisfaciendo las necesidades de los demás. Eres valorado y amado por lo que eres y no por lo que haces por los demás. Recupera tus energías de dar y tienes que saber con gran confianza que es igualmente importante recibir. Respira profundo y lentamente y consiéntete y ámate con cada respiración. Toma nota de cómo te responden los demás mientras te preocupas por ti mismo. Abre tu corazón para experimentar lo que realmente deseas para ti.

Explora tu lado artístico con el arte o la musicoterapia y da rienda suelta a tus sentimientos. Ve de compras, cambia tu estilo o crea un look único para ti.

Dedica tiempo a aprender quién eres realmente y emprende un viaje para descubrirte a ti mismo. Investiga tu herencia y árbol genealógico.

Dedica algo de tiempo a curarte, invertir en ti mismo y convertirte en una versión más fuerte de ti mismo. Desarrollarte espiritual y emocionalmente.

Tipo Tres: EL Triunfador

Las personalidades de Tipo Tres, o los Triunfadores, se centran en convertirse en las mejores y más reales versiones de sí mismos.

Los tipos de personalidad triunfadores son trabajadores y motivados; realmente pueden hacer cualquier cosa que se propongan. Por lo general, son los más exitosos y, a menudo, se los considera autosuficientes. Siempre están buscando algo en lo que sobresalir o para agregar a su ya impresionante conjunto de habilidades. Las personas con este tipo de personalidad se basan en sentimientos, son altamente adaptables y establecen y alcanzan altas metas personales y profesionales. Su naturaleza carismática es lo que otros encuentran contagioso, y se convierten en modelos a seguir que inspiran a otros a hacer y ser todo lo que están destinados a ser. Las personalidades del tipo tres se consumen tanto por su necesidad de triunfar y por sus éxitos que a menudo tienen miedo inconscientemente de fracasar. Este miedo inconsciente los deja con una sensación de vergüenza, que a su vez los deja con un miedo a la intimidad. Evitan las relaciones cercanas para mantener ocultos sus miedos. Suelen concentrarse en ser productivos y en las recompensas que conllevan, lo que a menudo significa que pierden su verdadero yo en el proceso.

Aunque son agradables, también son personas realmente difíciles de conocer. Mantienen la apariencia de ser exitosos y felices, mientras que tienen un miedo subyacente de ser un "nadie". Su éxito lo definen sus familias y sus entornos sociales y culturales, y siempre se esforzarán por ser alguien en su comunidad. Para ellos, tener un estatus es mejor que no tener ningún valor a los ojos de sus familias y comunidades. Las personalidades de Tipo Tres son generalmente conocidas como personas activas y no por sus sentimientos. Tienden a dominar cualquier emoción que se interponga en el camino de lo que están tratando de lograr. Tienen un miedo básico a ser inútiles y su mayor deseo es sentirse valiosos y valorados.

Las fortalezas del triunfador son:
- Éxito
- Logro
- Entusiasmo
- Automotivación
- Autenticidad
- Energía
- Habilidad artística
- Resistencia

Las debilidades del triunfador son:
- Vanidad
- Trabaja demasiado
- Competitivos
- Impaciencia
- Ser demasiado consciente de la imagen

El patrón de la infancia

De niños, a estos tipos probablemente no se les permitió mostrar sus sentimientos o ser ellos mismos. Tuvieron que ponerse una personalidad falsa para ser aceptados, y debido a que lo que deseaban era aceptación y atención, este comportamiento se convirtió en una forma de vida para ellos. Aprendieron a una edad muy temprana a reconocer patrones de comportamiento y actividades que los adultos valoraban y apreciaban. Aprendieron que eran amados por lo que hacían y por quiénes eran. Por lo tanto, para ganarse el elogio de sus padres, aprendieron a actuar en lugar de ser ellos mismos. Los de Tipo Tres son estudiantes con calificación A que tendrán muchas medallas y trofeos. Sin embargo, gradualmente comenzaron a perder contacto con su verdadero yo y eventualmente perdieron los deseos de su propio corazón.

Los triunfadores deben dejar de lado su imagen social y encontrar su yo interior. Su mecanismo de defensa suele ser fingir ser alguien distinto a ellos mismos para mantener la imagen de verse exitosos.

Tienden a acumular tensión en el área del pecho, por lo que realmente deben estar atentos a los ataques cardíacos. Debido a que ponen tanto esfuerzo en la productividad, tienen una tristeza subyacente dentro de sí mismos.

Prácticas que ayudan a los tres a desarrollarse

Toma nota de tu entusiasmo por lograr metas. ¿Estás buscando la aprobación para realizar las tareas o te impulsa el elogio y el reconocimiento de quienes te rodean? Sé consciente de que el impulso de salir adelante en realidad te está alejando de tus verdaderas emociones. Una vez que te des cuenta de esto, recupera tu energía interna y respira. Respira lenta y profundamente y obsérvate a ti mismo. El amor proviene de ser uno mismo y de realizar otras actividades. Libera la presión que viene con la impaciencia disminuyendo la velocidad; al hacer esto, en realidad está aumentando su ritmo. Permítete tener los verdaderos sentimientos y los sentimientos de los demás en su corazón. No depende de sus esfuerzos; tome conciencia de cómo los demás le responden cuando abre su corazón.

Reconoce que los demás tienen potencial y anímalos a crecer, en lugar de centrarte en ti mismo. Discúlpate cuando te equivoques y practica ser más genuino y menos pretencioso.

Claves para la reflexión

Detente unos minutos cada día para centrarte y reflexionar sobre lo siguiente:

Toma nota de cómo tratar de ganarte la aprobación de los demás luciendo bien puede arruinar tu vida. No es necesario comportarse de cierta manera para ser reconocido; solo sé quién estabas destinado a ser. Deja que tus verdaderas emociones entren en tu corazón.

Enfoca tu atención lejos de la actuación, reduce el ritmo y toma nota de lo que estás haciendo. Recupera y recuerda tus sentimientos y anímalos a manifestarse. Deja que las cosas sean como son, mientras cultivas tus propios sentimientos.

Reduce la velocidad y abre tu corazón a ti mismo y a los demás; muestra compasión y paciencia por cómo son las cosas. Sé amable contigo mismo y sé receptivo a la energía que se te presenta.

Cultiva una quietud dentro de ti y permite que las cosas sean como deberían. Ejercita la paciencia contigo mismo y permite que surjan tus verdaderos sentimientos. Permite que tu corazón se abra a los demás y sé compasivo con las dificultades de los demás.

Tipo Cuatro: EL INDIVIDUALISTA

Aunque cada tipo de personalidad es único a su manera, las personalidades del Tipo Cuatro (o los Individualistas) realmente creen que son únicas.

Son buscadores de identidad que se ven a sí mismos como un regalo o una maldición. Se ven a sí mismos apartados de la gente común, pero esto también los separa de las alegrías de la vida que otros disfrutan tan fácilmente. Son extremadamente sensibles y, a menudo, se sienten subestimados. Disfrutan destacarse del resto del mundo con su estilo poco convencional y su implacable impulso de autodescubrimiento; siempre puedes encontrarlos en mercados de pulgas y otros lugares únicos. Los individualistas siempre están buscando salidas creativas como el arte o la música, por lo general se ven a sí mismos como personas con un talento único y su objetivo es, en última instancia, presentarlo al mundo. Debido a que se ven a sí mismos como únicos, piensan que nadie los comprende ni podrá amarlos lo suficiente. Se toman muy en serio la forma en que se presentan y, por lo tanto, intentan constantemente alinear sus valores con cada decisión que toman. Estos individualistas son dueños de sus sentimientos y, aunque no les guste lo que ven, no los niegan ni los esconden. Están dispuestos a comprender la verdad y probablemente compartirán aspectos personales y vergonzosos sobre sí mismos.

Tienen una tendencia a reprimirse cuando se sienten vulnerables y pueden volverse de mal humor o temperamentales. Su naturaleza melancólica y baja autoestima pueden llevarlos a episodios de depresión. Uno de los desafíos que enfrentan es dejar ir sus heridas y experiencias pasadas. Tienen un corazón abierto, aunque entrelazan tanto sus alegrías como sus sufrimientos. Una de sus defensas es traer valores externos y presentarlos a los demás para proyectar una auténtica autoimagen.

Su miedo básico implica no tener un significado personal, y su deseo básico es crear una identidad para ellos mismos. Tienen tendencia a retraerse y deprimirse, o expresan sus sentimientos y mantienen un contacto cercano con los demás. Se expresan a través de trabajos creativos como música, escritura, baile o cualquier otra cosa que pueda equilibrar sus emociones. Las personalidades del tipo cuatro tienden a acumular su energía en la sección media de sus cuerpos, y esto puede llevarlos a retraerse.

Las fortalezas del individualista incluyen:
- Compasión
- Idealismo
- Profundidad emocional
- Corazón abierto
- Calor
- Comportamiento acogedor
- Habilidad artística

Las debilidades del individualista incluyen:
- Mal humor
- Falta de cooperación
- Retraimiento
- Envidia
- Melancolía
- Insatisfacción
- Independencia

El patrón de la infancia

De niños, aquellos que exhiben un comportamiento de Tipo Cuatro probablemente han sentido una desconexión entre ellos y sus padres. Sus razones para sentirse aisladas o abandonadas no se pueden entender. A menudo sufrían abusos cuando eran más jóvenes o se sentían distantes de sus padres. El consejo que recibieron fue genérico y no adaptado a las necesidades del individualista. Desarrollaron un mecanismo de afrontamiento para lidiar con el rechazo y el aislamiento que sentían.

Prácticas que ayudan a los cuatro a desarrollarse

Abre tu corazón y, al juzgarte a ti mismo, toma nota de tu anhelo de realización y de los ideales que deseas. Las emociones que sientes provienen de una sensación de pérdida interior. Reúne toda la energía que has invertido en esta emoción y bájala. Respirar en tu centro permite que tus sentimientos vayan y vengan con cada latido. Agradece el aquí y el ahora, y no te concentres en lo que crees que falta. Recuerda el amor que tienes independientemente de cómo te percibas a ti mismo. Sé consciente de cómo te responden los demás cuando te aprecias a ti mismo.

Acepta todas las emociones positivas que existen. Reconoce que tienes muchas de las buenas cualidades que admiras en los demás. Construye tu identidad en torno a tu singularidad, tus dones y tus talentos.

Claves para la reflexión

Detente unos minutos cada día para reflexionar sobre lo siguiente:

Toma nota de cómo tu energía y atención regresan a lo que sientes que falta en tu vida. Permítete estar presente y ser positivo, observa la intensidad de tus sentimientos y vuelve a la calma y la sensación de paz.

Convierte lo ordinario en extraordinario al darte cuenta de la frecuencia con la que te centras en ser diferente y no en lo ordinario. Sé agradecido en el presente; reconoce que no falta nada valioso.

Sé amable y apréciate a ti mismo, y trata a los demás como iguales. Deshazte de la envidia cultivando la felicidad con los que te rodean. Ten un corazón generoso y confía en que no te falta nada.

Tipo Cinco: EL INVESTIGADOR

Los Tipo Cinco, o Investigadores, se encuentran entre los tipos de personalidad más introspectivos. Les gusta concentrarse en encontrar un equilibrio entre sus sentimientos de aislamiento y sus sentimientos de pertenencia.

Este tipo de personalidad es curioso, innovador e independiente. Se preocupan tanto por desarrollar ideas y habilidades que pueden volverse distantes e intensos. Se les llama Investigador porque describe muy acertadamente este tipo de personalidad. Quieren saberlo todo: cómo funciona el mundo y por qué funciona de la forma en que lo hace. Están continuamente buscando y cuestionando, y muy raramente excepto las respuestas que se les dan. Quieren probarlo por sí mismos. Observan y contemplan, están escuchando y / o tomando notas, aunque sea en un hormiguero en el patio trasero. Se vuelven extremadamente seguros de sí mismos en el conocimiento que han adquirido. Les encanta recopilar información y procesarla en nuevas ideas. Debido a que sus identidades se basan en ser alguien que tiene ideas o algo nuevo y perspicaz para compartir, el conocimiento y la comprensión son muy valorados por ellos. Es por esta razón que las personalidades del Tipo Cinco se sienten atraídas por lo inusual, los secretos del universo, lo extraño y lo impensable. Al investigar lo desconocido, creen que esta es una forma de ganar independencia. Las personalidades del Tipo Cinco son generalmente académicos o expertos técnicos. Son perceptivos y analíticos.

Estos investigadores tienen la capacidad de separarse de otras personas que sienten que son intrusivas. Aunque disfrutan de su libertad, también pueden sentirse solos. Aunque son intelectualmente brillantes, las relaciones resultan ser las más desafiantes para ellos. Prefieren escapar a la seguridad de su mente para descubrir cómo lidiar con el mundo que los rodea, porque tienen una profunda inseguridad sobre cómo hacerlo bien en el mundo real. Se sabe que se separan de sus amigos y familiares, desarrollan una visión de túnel e incluso pierden el control de la realidad. Como resultado, a menudo pierden amistades en el proceso. Aunque puede ser incómodo, tienen que encontrar una manera de equilibrar su alejamiento de los demás y acercarse a ellos. Su miedo básico es ser incapaz o desamparado, y su deseo básico es ser competente.

Evitan los sentimientos de soledad y vacío al parecer conocedores y autosuficientes. Usan la separación física para cortar sus emociones. Se quedan atrapados en sus cabezas y se necesita un gran esfuerzo para traerlos de regreso. Se vuelven sensibles al sonido y al tacto, y la tensión se acumula en su centro.

Las fortalezas del investigador incluyen:
- Ansias de conocimiento
- Escolástica
- Autosuficiencia
- Percepción
- Racionalidad y tecnicismo
- Confianza
- Intimidad
- Curiosidad

Las debilidades del investigador incluyen:
- Aislamiento
- Tacañería
- Desapego
- Intelectualismo excesivo
- Retención de información
- Distracción
- Consideración
- Vulnerabilidad

El patrón de la infancia

De niños, este tipo de personalidad probablemente no estaba seguro de a dónde pertenecía. Es probable que siempre estuvieran mirando hacia afuera, en lugar de ser aceptados como parte del grupo.

Es posible que no recibieran interacción o afecto de sus cuidadores adultos. Es posible que hayan levantado muros a su alrededor como defensa y se hayan retirado a sus mentes para bloquear a los padres intrusos. Sus vidas familiares podrían haber sido abusivas o simplemente se sentían incomprendidos. Eran los niños que se escondían en sus habitaciones para leer o para dominar alguna materia u otra. Han aprendido a distanciarse y pedir poco a las personas, para que a su vez eviten las expectativas puestas en ellos.

Prácticas que ayudan a los cinco a desarrollarse

Con un enfoque cálido y de corazón abierto, toma nota de la tendencia a desapegarte de los sentimientos. Te reprimes con una energía de la que no puedes prescindir. Crees que, para protegerte de las demandas de este mundo, debes tener tiempo y espacio para ti. Debes creer que tienes suficiente energía para dedicarte por completo a tus sentimientos y tener la confianza de que no estarás agotado, sino nutrido. Respira hacia tu centro, hacia tu vientre y conéctate con tus sentimientos. Recuerda no alejarte de los demás, pero ten en cuenta que es tu mentalidad protectora la que está agotando tu energía. Los demás te apoyan, especialmente cuando tu corazón está abierto.

Acepta la gran cantidad de conocimientos que ya tienes, pero date cuenta de que no necesitas saberlo todo. Necesitas personas que te ayuden a ponerte en contacto con tu humanidad. Sigue tus consejos y escucha tus opiniones; esto puede llevarte a un nuevo mundo de descubrimientos.

Claves para la reflexión

Detente unos minutos al menos tres veces al día para centrarte y reflexionar sobre lo siguiente:

Abre tu corazón con confianza, sabiendo que no te agotará tus energías; en cambio, serás nutrido.

Observa lo que sucede en tu cuerpo cuando te retiras de las intrusiones. Deja que esta sea la señal para recordarte que debes relajarte.

Dile a ti mismo que los hábitos de protección que has establecido en realidad están restringiendo tus necesidades y deseos. Esto conducirá a la privación, lo opuesto a la alimentación.

Siempre que sientas que tu energía se está agotando, recuerda que necesitas volver al flujo natural de la energía del universo. Sabrás todo lo que necesitas saber y aceptarás que estarás en paz sin saberlo. Tienes suficiente conocimiento. Sé generoso con la abundante energía de la vida y, mientras respiras el flujo de energía natural, comprende que recibirás lo que necesitas.

Tipo seis: EL LEAL

Los de Tipo Seis, o Leales, realmente hacen honor a su nombre, aunque a menudo necesitan enfrentar sus miedos para encontrar sus comunidades.

Estas personalidades son excelentes solucionadores de problemas; son comprometidos, trabajadores y responsables. Tienen la asombrosa habilidad de prever problemas. Son una de las personas más leales que hay. Literalmente "se hundirán con el barco" y se aferrarán a sus amigos y familiares mucho más tiempo que otros. Encuentran su lugar en el mundo a nivel social y, como resultado, se dedicarán a esas relaciones. La confianza es de gran importancia para un leal, y encuentran consuelo al saber que los demás los respaldan. Necesitan la seguridad y el compromiso de su grupo de compañeros, y soportarán a aquellos a quienes consideran fuertes. La paz interior es un desafío para muchos, pero con tiempo y esfuerzo, pueden alcanzar sus metas de confianza y seguridad. Son muy reflexivos y harán que sus colegas avancen frente a ellos. Como jugadores de equipo, se enorgullecen de servir a los demás y harán un esfuerzo adicional para desarrollar habilidades que beneficiarán a su organización. Aunque pueden ser bastante escépticos, también son astutos mentalmente; son plenamente conscientes de sus defectos y su autoestima puede incluso fluctuar.

Siempre que las personalidades del Tipo Seis analizan en exceso la información, se sienten ansiosas y se vuelven inquietas, imaginando el peor escenario posible. Esto generalmente los vuelve paranoicos y luego se engañan al pensar que están en peligro constante. No todas las personalidades de Tipo Seis son tranquilas, algunas de ellas pueden ser bastante rebeldes hasta el punto de ser revolucionarias. Terminan luchando por sus creencias con mucha más vehemencia que por ellos mismos. Se volverán competitivos y, en algunos casos, arrogantes. Su miedo básico es no tener el apoyo y la orientación que necesitan y su deseo básico es tener un fuerte apoyo y seguridad.

Las personalidades del Tipo Seis a menudo dudan y se preocupan. Se preparan para los riesgos y, como resultado, la miopía es común porque sus ojos se vuelven sospechosos, cautelosos, temerosos e incluso protuberantes. Su diafragma tiene bastante tensión, lo que a veces produce una forma vacilante de hablar.

Las fortalezas del Leal incluyen:
- Pensamiento estratégico
- Lealtad
- Valor
- Atención
- Organización
- Ser un jugador en equipo
- Compromiso
- Autenticidad

Las debilidades del Leal son:
- Recelo
- Pesimismo
- Jugar al abogado del diablo
- Lleno de dudas
- Autolimitación innecesaria
- Insistencia o agresión innecesaria
- Terquedad o incapacidad para perdonar
- Escepticismo

El patrón de la infancia

De niños, las personalidades de Tipo Seis pueden haber sido criadas en circunstancias inseguras y / o impredecibles. Aunque tenían una conexión con las figuras adultas en sus vidas, no siempre fue una conexión positiva. Como resultado, aprendieron a depender de sí mismos para recibir orientación. Desarrollaron una tendencia a internalizar su ira, lo que a menudo conducía a algún tipo de autodestrucción. Se volverían desconfiados y se rebelarían si sintieran que una figura autoritaria perdiera su confianza. Aunque anhelan la seguridad de amigos y familiares que los apoyen, también tienen mucha desconfianza en ellos.

Prácticas que ayudan a los seis a desarrollarse

Sin juzgarte a ti mismo, toma nota de cómo tus preocupaciones sobre los peligros percibidos alimentan tu energía en miedos y dudas subyacentes. Recuerda que no es necesario que te cuestiones todo para tranquilizarte. Cree que eres amado, seguro y valorado, y que el mundo no es tan peligroso como crees. Toma cualquier energía que esté en su mente y dirígela al centro de tu vientre, calmando tu mente. No es necesario que enfrentes desafíos pensando negativamente. Toma nota de los aspectos positivos de tu vida y pon tu energía en ellos. Observa cómo los demás te responden cuando tienes fe en ti mismo.

Nadie está exento de ansiedad, por lo que lo que sea que estés experimentando no es exclusivo tuyo. Toma el control de tus miedos y aprende a manejar tus reacciones. Dale a los demás el beneficio de la duda y apúntate a construir relaciones duraderas.

Claves para la reflexión

Detente durante unos minutos al menos tres veces al día para centrarte y reflexionar sobre lo siguiente:

Cuando sientas que el miedo entra en tu cuerpo, averigua si existe una amenaza real o simplemente es un desafío. La mayoría de las veces solo estás magnificando algo que tiene la apariencia de miedo.

Recuerda, ten un punto ciego cuando se trata de miedo. Tu imaginación hace que lo que estás experimentando se sienta cien veces peor de lo que realmente es. Muévete para remediar esto, en lugar de alejarte de él.

Libera cualquier duda o pensamiento contrario cada vez que se te ocurran. Esta es la única forma en que podrás avanzar.

Sé amable y de corazón abierto contigo mismo y practica algunas veces al día. Solo toma uno o dos minutos de tu día para recibir la energía y obtener el coraje natural. Muévete hacia, y no en contra, cualquier situación aterradora en la que puedas encontrarte. Sé observador y discierne lo que es real y lo que no es real. Ten fe en ti mismo y en la vida, para enfrentarte directamente a situaciones de miedo y haz del miedo tu amigo. Cultiva el coraje, no los peores escenarios.

Tipo Siete: EL ENTUSIASTA

Los Tipo Siete, o entusiastas, son aventureros de corazón. Aceptan sus sentimientos como lo harían en su próxima aventura.

Este tipo de personalidad son extrovertidos juguetones y versátiles. Son animados y entusiastas en casi todo. Persiguen lo que quieren en la vida, están decididos y les encanta el sentido de la aventura. También pueden ser un poco despistados e indisciplinados. Aprenden rápido y tienen la capacidad de asimilar lenguajes, procedimientos, etc. También son innovadores y motivadores, tienen interés en una variedad más amplia de cosas. Les gusta mantener abiertas sus opciones y no les gustan las limitaciones. No les importan las opiniones que los demás tengan de sí mismos, solo quieren divertirse. Tienen una energía infinita y una curiosidad implacable. Los entusiastas son como niños en una tienda de golosinas y tratan al mundo como su patio de recreo. Son altamente productivos y carismáticos y enfrentarán cualquier desafío de frente. Encuentran las lecciones en cada experiencia, ya sea buena o mala, y buscan constantemente el próximo nivel.

Aunque pueden aprender muchas cosas diferentes con facilidad, les resulta difícil elegir una en la que concentrarse. Se distraen con tanta facilidad que a muchos les resulta difícil mantener el rumbo. Las personalidades del Tipo Siete no son demasiado buenas para concentrarse, porque siempre creen que algo más grande y mejor les espera. Como resultado de esto, no le dan valor a sus habilidades. Pueden ser egocéntricos y restar importancia a sus faltas; a menudo se muestran reacios a reconocer sus emociones negativas. Son susceptibles a la depresión y los trastornos de ansiedad. Por miedo a perderse algo, los Tipo Siete meterán tanta actividad en sus vidas como sea posible mientras sus verdaderos deseos se esconden en lo más profundo de ellos.

Se agotan rápidamente, se vuelven demasiado críticos y se molestan con los pequeños detalles. La energía de las personalidades de tipo siete sale de sus cuerpos y, por lo tanto, permanecen sobreestimuladas la mayoría de las veces. En lugar de enfrentar el dolor físico, luchan por mantenerse firmes y cualquier dolor que experimentan se explica. Tienen un miedo básico de sufrir dolor o de sufrir privaciones. Su deseo básico es satisfacer sus necesidades y estar contentos.

Las fortalezas del entusiasta incluyen:

- Aventura
- Pensamiento rápido
- Actitud positiva
- Popularidad
- Amante de la diversión
- Optimismo
- Alegría

Las debilidades del entusiasta incluyen:

- Ensimismamiento
- Falta de compromiso
- Consumo excesivo de ideas o experiencias
- Miedo a perderse
- Siempre opina
- Terquedad

El patrón de la infancia

De niños, es posible que se hayan sentido desconectados de la crianza o que se hayan apartado de la crianza demasiado pronto. Es posible que hayan descubierto que no podían contar con nadie más que con ellos mismos. El criador podría haber sido cualquier miembro de la familia responsable de ellos. Cualquiera sea la razón de esto, falta de comunicación o abuso, las personalidades del Tipo Siete se enfocaron en actividades de transición para llenar el vacío y nutrirse a sí mismas, porque no podían depender de otros para llenar el vacío. Encontraron distracciones para satisfacer sus necesidades y reprimir todos sus miedos. Todo lo que les traía, incluso un poco de felicidad, se convirtió en un símbolo de crianza.

Prácticas que ayudan al siete a desarrollarse

Abre tu corazón y conéctate, y sin juicios, toma nota de cómo tu mente corre a través de los diferentes planes y posibilidades que son impulsados por tu energía. Esto proviene de tu creencia de que para sentirte amado y seguro, debes emprender todas las aventuras de la vida. Podrás ver cómo al escapar te has estado limitando y, por lo tanto, robándote una vida holística. Respira hacia el centro de gravedad de tu vientre y baja tu energía. Concéntrate en la fluidez de tu respiración y acepta todos los sentimientos que surgen. Concéntrate en aceptar tanto las alegrías como las tristezas que trae la vida. Toma nota de cómo te responden los demás cuando aceptas lo que la vida tiene para ofrecerte.

Crea más oportunidades para ti al escuchar las ideas de los demás. Analiza los aspectos positivos y negativos de cualquier elección o decisión antes de embarcarte en ellas. Esto te aportará un gran valor y te beneficiará a largo plazo.

Claves para la reflexión

Detente unos minutos al menos tres veces al día para centrarte y reflexionar sobre lo siguiente:

Siempre que planifiques resultados positivos, observa que tus niveles de energía fluctúan. Regresa al presente pleno del momento y permítete ver tanto el dolor como la alegría.

Ten en cuenta en tus pensamientos las cosas que te traen satisfacción. Ahora pon cantidades iguales de energía en los demás y en ti mismo.

Cuando sientas algo doloroso o angustioso dentro de tu cuerpo, tu respuesta natural es convertirlo en algo positivo. Respira hacia tu centro y enfrenta estos sentimientos con discernimiento.

Muestra amabilidad practicando los siguientes minutos cada día. Recibe la energía y está presente en cada momento. Concentra tu atención en lo que está frente a ti; haz solo una cosa a la vez. Practica la respiración contando cada respiración, empieza de nuevo si pierdes la cuenta, sigue llevándote al momento presente. Escucha cuando otros estén hablando; no respondas, solo escucha. Reflexiona sobre todas las emociones que te puedan resultar difíciles, como el dolor y el sufrimiento.

Tipo ocho: EL DESAFIANTE

Los Tipo-Ocho, o los Desafiantes, deben recordar soltarse para encontrar el amor en sus vidas, algo que a veces puede ser difícil para ellos.

Los tipos de personalidad del Tipo Ocho son fuertes y asertivos, pero también tienden a ser un poco egocéntricos. Disfrutan afrontando nuevos desafíos y dando a otros la oportunidad de desafiarlos también. Su naturaleza carismática hace que muchas personas se unan a ellos en diversos esfuerzos, desde librar la guerra hasta reconstruir una ciudad. Tienden a hacerse cargo y liderar, lo que puede resultar intimidante para los demás. Les gusta tener el control y hacer las cosas a su manera. Son muy protectores con sus amigos y familiares. Son ingeniosos y honorables; son líderes natos. Se preocupan por las necesidades de los demás y garantizan que el mundo sea un lugar mejor para todos. Pueden ser justos y equitativos, pero al mismo tiempo, pueden confrontar y perder los estribos. Necesitan ser independientes y rara vez trabajarán para otra persona. No se ven a sí mismos en ninguna otra posición que no sea la primera posición. Aunque pueden ser conscientes de lo que los demás piensan de ellos, las personalidades del Tipo Ocho no dejan que eso les moleste. Tienen la asombrosa habilidad de convertir los limones en la limonada más sabrosa.

Aunque son duros y pueden soportar cualquier cantidad de castigo físico, uno de sus mayores temores es el daño físico. Esta es una bendición y una maldición, porque pasan por alto la salud de los demás y dan por sentada su propia resistencia. Debajo del exterior duro que presentan, son bastante vulnerables. Se niegan a ser controlados y no tolerarán que nadie tenga poder sobre ellos. Desean dominar su entorno para demostrar que son fuertes. Estos tipos de personalidad tienen miedo al rechazo, así que en lugar de hablar de ello se distancian, por lo que su modus operandi es rechazar a los demás primero. Luego, eventualmente, pueden aislarse de los demás y volverse toscos y arrogantes. Su miedo básico es ser controlado o dañado por otros, y su deseo básico es protegerse y hacerse cargo de su propio destino. Su mecanismo de defensa es negar sus sentimientos para mantener una imagen de fuerza. La personalidad Tipo-Ocho tiene una gran cantidad de carga bioenergética en sus cuerpos, lo que los atrae a la intensidad.

Las fortalezas del Desafiante incluyen:

- Generosidad
- Poder
- Entusiasmo
- Asertividad
- Liderazgo
- Inocencia
- Energía
- Apoyo

Las debilidades del Desafiante incluyen:

- Enfado
- Dominación
- Carácter mandón
- Exceso
- Vulnerabilidad
- Venganza
- Agresión
- Combatividad
- Desconfianza

El patrón de la infancia

De niños, las personalidades de Tipo Ocho pueden haber madurado demasiado pronto y tuvieron que ocultar su vulnerabilidad para parecer fuertes. Quizás aprendieron a encontrar su lugar en la familia asumiendo fuertes roles de crianza. Si mostraron alguna suavidad, es posible que hayan sido rechazados o lastimados. Son aventureros y asertivos, lo que a menudo los castiga. Debido a los frecuentes castigos, adoptan una actitud de indiferencia y una determinación férrea. Cuanto más rechazo sintieran, más dura y agresiva sería su respuesta.

Prácticas que ayudan a los ocho a desarrollarse

Sin juzgarte a ti mismo, abre tu corazón para notar el impulso que tienes de actuar sobre cualquier injusticia que te haya sucedido. Esto proviene de la creencia de que para que seas amado y seguro, debes ser resuelto y fuerte para que aquellos con más poder no puedan aprovecharse de ti. A medida que la energía se eleva dentro de ti, respira y resiste la tentación de actuar de inmediato. Basado únicamente en tu versión de lo que es la verdad, ¿puedes notar la necesidad de actuar? Recoge esta energía y mantenla en el centro gravitacional de tu vientre. Lo que consideras protección contra la vulnerabilidad es en realidad la fuerza del impacto. Fíjate en cómo reaccionan y te responden los demás cuando te permites ser receptivo a sus verdades.

Recuerda que las personas y las relaciones son mucho más importantes que el poder. Aprende a hacer sacrificios y a trabajar junto a otros. Transfiere tu energía para empoderar, elevar e inspirar a las personas.

Claves para la reflexión

Tómate un tiempo para detenerte unos minutos cada día para centrarte y reflexionar sobre lo siguiente:

Toma nota de la necesidad de actuar que vive en tu cuerpo. Has una pausa y reciba el regalo del tiempo, y luego toma las medidas pertinentes. Sé testigo del impacto que tiene en los demás cuando te detienes y respiras. Modera tu energía para adaptarte a la situación.

Recuerda que cualquier vulnerabilidad que sientas tiene una suavidad que la acompaña, y que ésta es una gran fuerza para complementar tu energía.

Sé amable contigo mismo y abre tu corazón a tener una mentalidad inocente. Disfruta el momento y experimenta el poder de no asumir ni culpar. Encarna la compasión y recibe la verdad en todas las cosas.

Tipo Nueve: EL PACIFICADOR

Los Tipo-Nueve, o Pacificadores, a menudo se convierten en participantes importantes en las conversaciones en las que participan, ya que son conocidos por ser estables y aceptables.

Son creativos y solidarios; quieren que todos se lleven bien. Están en una búsqueda para encontrar la paz para todos los que los rodean. Se les considera buscadores espirituales y, por lo tanto, buscan conexiones con el universo. Pueden ser complacientes y minimizarán los problemas para garantizar que todo funcione sin problemas. La personalidad del Tipo Nueve se basa principalmente en los mundos psicológico y espiritual. Irónicamente, también están basados en el mundo físico, lo que significa que también están en contacto con su instinto. La personalidad Tipo Nueve es la personalidad más básica de todas; se les considera gente de la "sal de la tierra". Tienen problemas para concentrarse en sus propias prioridades o cambiar de dirección hacia algo que necesita atención. Aunque les resulta difícil tomar decisiones por sí mismos, se destacan como mediadores. A pesar de que parecen ser ecuánimes y tranquilos, internalizan sus emociones.

Las fortalezas del Pacificador incluyen:
- Equilibrio
- Armonía
- Aceptación
- Acogedor
- Inclusivo
- Auténtico
- Adaptación

Las debilidades del Pacificador incluyen:
- Conflicto
- Testarudez
- Falta de atención
- Ambivalencia tomando el curso de acción correcto
- Agresión pasiva

- Distracción
- Distanciamiento

El patrón de la infancia

De niños, las personalidades de Tipo Nueve probablemente fueron pasadas por alto y como resultado se sintieron perdidas. Habrían tenido que mantener un perfil bajo y desconectarse de los problemas. Este era el niño que se ponía los auriculares y jugaba afuera mientras los familiares peleaban. Aprendieron a distraerse de sus propios sentimientos y concentrarse en hacer que los demás se sientan mejor. Pueden soltarse y dar voz a su ira, pueden volver a participar en el mundo.

Prácticas que ayudan a los nueve a desarrollarse

Abre tu corazón mientras permaneces conectado a tierra y toma nota de cómo tu energía es impulsada en muchas direcciones. Tantos entornos han reclamado tu energía que no te queda ninguno. Esto proviene de tu creencia de que, para ser amado, debes integrarte y permanecer en un segundo plano. Detente un minuto y respira, concéntrate en ti mismo. ¿Cuáles son tus prioridades y deseos? ¿Qué es importante para ti?

Desde el centro gravitacional en tu vientre, lleva tu atención hacia tu interior y conéctate con él. Ahora establece tus propios límites y prioridades. Ámate a ti mismo como amas a los demás. Toma nota del efecto que tiene en los demás cuando puedes amarte a ti mismo y observa cómo todos los demás te responden cuando hablas por ti mismo.

Fíjate metas y enfréntalas una a la vez. Anímate con tus propias palabras de sabiduría y buenos consejos. Adáptate a los cambios que vienen; tienes un gran potencial y eres más fuerte de lo que crees.

Claves para la reflexión

Detente unos minutos al menos tres veces al día para centrarte y reflexionar sobre lo siguiente:

Observa cómo tu atención se dirige automáticamente a otros que la necesitan. Usa esto como un marcador para devolver tu enfoque y atención a tus propias necesidades.

Toma nota de dónde está la resistencia en tu cuerpo y date cuenta de que esto es importante para ti. Explora la naturaleza de su importancia.

Siempre que te sientas molesto por un conflicto, siente dónde está tu cuerpo y qué está sintiendo. El conflicto es natural y debes aprender a lidiar con él de manera constructiva.

Sé amable contigo mismo y practica estos pasos todos los días, recordándote que es igual a todos los demás. Elije lo que es importante cuando te enfrentas a una incomodidad o un conflicto. Descubre y toma conciencia de tus intenciones y propósitos. Valórate a ti mismo como valoras a los demás y recuerda cuáles son tus prioridades. Y siempre que sientas resistencia, significa que algo importante está adentro.

Conclusión

La personalidad es cómo nos vemos a nosotros mismos, o lo que determinamos que son los rasgos de carácter de los demás. Cada pequeña cosa que haces envía información sobre tu personalidad, desde la razón por la que reaccionas de cierta manera, o lo que te gusta o no te gusta. Nuestras mentes utilizan esta información para establecer distinciones entre cada persona que conocemos. Quizás sea posible que haya una persona que pueda comunicarse con personas de todos los estilos de personalidad; puedes ser esta persona reflexionando sobre cómo se comportan otras personas y reestructurando tu propia personalidad. Una persona con una gran personalidad aportará positividad a cualquier situación, mientras que una persona que tiene la personalidad completamente opuesta parecerá lúgubre y sombría. Los psicólogos han determinado que las personas con personalidades enfermizas padecen un trastorno del miedo. Este miedo les impide abrirse a los demás y, en última instancia, estancar su crecimiento.

Aunque podemos parecer bastante diferentes por fuera, todos tenemos las mismas ansiedades y necesidades. De hecho, todos buscamos las mismas cosas, cosas como comprensión y reconocimiento. Una vez que tengas la capacidad de comprender qué motiva a un individuo, podrás interactuar y asociarte con otros de manera efectiva. El sistema del Eneagrama se puede utilizar para explicar casi cualquier cosa en el universo, y su importancia radica en el hecho de que es una herramienta valiosa para mejorar las relaciones.

Aquí hay un breve resumen de cada tipo de personalidad, según el test de personalidad del Eneagrama.

1. Los Reformadores: estos tipos de personalidad tienen ideales extremadamente altos de ser la persona perfecta. Tienen tendencia a tomarse las cosas en serio y se pondrán tensos si no pueden completar su trabajo a la perfección y a tiempo. Pueden ser sensibles a las críticas de otros.

2. Los Ayudantes: estos tipos de personalidad son cariñosos y siempre están dispuestos a ayudar a sus amigos y familiares. Aunque son personas cálidas, generosas y cariñosas, su confianza depende únicamente de los demás. No pueden decirle que no a nadie y tienden a exagerar las cosas por los demás y no tienen suficiente energía para sí mismos. Se agotan por los demás y se molestan si no reciben ayuda a cambio.

3. Los Triunfadores: estos tipos de personalidad nacen para tener éxito. Sus rasgos incluyen confianza, eficiencia, perseverancia, amabilidad, y la lista sigue y sigue. Siempre se comparan con otros que sienten que se desempeñan mejor que ellos.

4. Los Individualistas: estos tipos de personalidad son cálidos y expresivos. Disfrutan de las cosas buenas de la vida y se esfuerzan por ser únicos. Sienten las cosas profundamente y comprenden el verdadero significado de la vida. Esperan mucho de la vida y son buenos para entablar relaciones con quienes los comprenden. Son propensos a sufrir episodios de depresión y terquedad y, a veces, incluso de celos. Se lastiman con facilidad, especialmente cuando no se les entiende, porque dependen del apoyo emocional de los demás.

5. Los Investigadores: estos tipos de personalidad tienden a ser distantes y solitarios. Son observadores y tratan de analizar el mundo que los rodea. Aunque son amables y autosuficientes en tiempos difíciles, no son buenos para mostrar sus emociones. Tienen una tendencia a volverse sospechosos, contenciosos e incluso negativos a veces.

6. Los Leales: estos tipos de personalidad son personas trabajadoras y responsables. Son intelectuales seguros de sí mismos que exudan una actitud cálida hacia los demás. Pueden ser malos tomadores de decisiones y necesitan

constantemente la aprobación de los demás antes de poder hacer algo.

7. Los Entusiastas: estos tipos de personalidad son personas felices, alegres y amantes de la diversión. Son aventureros inquietos que aman viajar y corren riesgos a menudo. Son optimistas y responsables, y animan a otros a ser responsables también.

8. Los Desafiantes: estos tipos de personalidad tienen autoridad y confianza. Son sencillos y, a menudo, no se dan cuenta de cuando su manera de hacer daño a los demás. Aunque son solidarios y generosos, se sienten incómodos cuando se enfrentan a personas incompetentes. Les cuesta mostrar o expresar su agradecimiento cuando es necesario.

9. Los Pacificadores: estos tipos de personalidad evitan los conflictos a costa de hacer que los demás se sientan cómodos. Son personas que aceptan y se preocupan, pero carecen de la capacidad para tomar decisiones. Aunque tienen confianza, a menudo se confunden sobre qué es lo que realmente quieren.

Los eneagramas son prácticos y aplicables en nuestra vida diaria, como individuos y como comunidad; es un sistema integral que utiliza la sabiduría antigua, así como la psicología moderna, para ayudarnos a comprender a los demás ya nosotros mismos.

"La comprensión es el otro nombre del amor. Si no lo entiendes, no puedes amar ". Thich Nhat Hahn

Si disfrutaste este libro, ¡una revisión honesta siempre es apreciada!